人生，是體驗的總和

經歷的豐富度，
決定人生的圓滿度

10大行動指南，
在為時已晚之前，
設計你真正想活的人生

EXPERIENTIAL BILLIONAIRE

Build a Life Rich in Experiences and Die With No Regrets

布莉姬・希爾頓 Bridget Hilton　喬・赫夫 Joe Huff　著

洪慧芳　譯

謹以此書獻給雅絲敏、凱、基利安、塔可能。

你們無條件的愛，是我們這一生最美好的體驗。

目錄

前言．重新定義真正的「富有」…… 10

PART I　釐清內心的「體驗寶藏」

第 1 章　以終為始思考，人生會更好

父親倒下後，我才發現的「殘酷現實」…… 26
想像死亡，把人生畫成表格…… 28
踏上重生的旅程…… 34
迫切感的啟示…… 37
讓這份新體悟，成為你生命的轉折點…… 40

● 行動指南 ●　畫出人生尋寶圖…… 42

第 2 章　想像富足人生

探索你內心的羅盤……49
完善你的尋寶圖，讓夢想加速成真……56
我所想像的未來……59
別怕夢想轉彎，走過的每一步都算數……63
所謂命運，大多是自己的選擇……68

● 行動指南 ●　想像你的未來……70

PART II　踏上尋寶之旅

第 3 章　為自己的人生徹底負責

別讓「錢」限制了你的人生……79
逮捕「時間小偷」，奪回你最珍貴的時間……86
從不可能到可能，再到勢在必行……99

● 行動指南 ●　好好分配時間與金錢……99

第4章 你不敢踏入的洞穴裡，藏著你追尋的寶藏

「恐懼」，往往來自於我們對未知的想像⋯⋯108
你可以允許自己做任何事⋯⋯111
膽量可以訓練，恐懼可以克服⋯⋯115
越了解他人，就越難把他們妖魔化⋯⋯119
所以，為什麼不行動呢？⋯⋯122
● 行動指南 ● 你渴望的一切，都在恐懼的另一頭⋯⋯123

第5章 把「改天」變成「今天」

行動，是遺憾最好的解藥⋯⋯129
一個關鍵行動，告別「改天再說」的拖延人生⋯⋯133
掌握行事曆，就是掌握真正的財富⋯⋯135
3 大工具，全面提升你的執行力⋯⋯138
多方嘗試「投資報酬率不同」的體驗⋯⋯145
不行動的代價⋯⋯150
● 行動指南 ● 從低回報體驗，到高回報體驗⋯⋯151

第6章 將阻力化為助力

你的人生，是趟英雄旅程 156
人生壓得你喘不過氣？來個新體驗吧 161
一念轉，天地寬 164
從記憶銀行提領快樂 167
別和自己過不去，事情總是會過去 170
● 行動指南 ● 唯一的出路，是走過去 171

PART III 活出屬於你的豐盛

第7章 人脈複利

做自己最好的朋友 182
好好經營你的核心人際圈 187
觀其友，知其未來 191
經營職場關係，很重要 197
● 行動指南 ● 讓人際關係蓬勃發展 201

第 8 章 擁有豐富體驗並不難，喚醒童心就行了

玩樂的科學 207
搭上時光機，重溫童年美好時光 210
6 大方式找回玩心，讓生活處處有樂趣 213
人生夠嚴肅了，童心當然不能滅 221
你現在是個大孩子 224

● 行動指南 ● 去玩吧 225

第 9 章 學習，就是一種深刻的體驗

7 大心法，重拾學習的樂趣 231
老狗也能學新把戲 244
現在正是學習的黃金時代 246
知識與閱歷的積累，造就了你 250

● 行動指南 ● 你下一個想學的技能，是什麼？ 251

第10章 讓這一生，不虛此行

科學告訴你，施比受真的更有福！ 256
你不必是大人物，也能讓善意泛起漣漪 259
行善，從你在意的事開始 263
如果不在了，你想留下什麼？ 265
人生的最後一場秀，務必盡興 267
● 行動指南 ● 想像你的終點 269

結語・別把錢留到死，也別把夢想留到明天 271
致謝 276
注釋 282

前言

重新定義真正的「富有」

「沒事，真的沒事，我們一定能脫困的。」

——這是我開著1999年的豐田休旅車Land Cruiser，

在懸崖邊緣硬擠出來的謊話。內心其實充滿不安，

也完全不確定我們能否安全抵達。

當右前輪懸在陡峭的峽谷上空，下方是暴雨激起的洶湧激流時，我緊張地乾笑了幾聲，想安撫車上的所有人，包括我自己。但這招顯然失敗了，大夥兒都察覺到我毫無把握，車內原本的靜默，瞬間凝結成令人窒息的死寂。

當時我們正行駛在通往盧安達火山國家公園（Parc National des Volcans）的主要山路上。如果安全抵達目的地是唯一考量，我們根本不必著急，大可放慢車速，停下來欣賞風景，等雨勢減弱再上路。但問題是，午後天色暗得很快，而且我們得知，此刻我們正駛在熱帶風暴圈中，必須在道路封閉前趕到山頂，否則就得調頭，開車下山返回盧安達的首都吉佳利（Kigali）。到時候，我們將不得不頂著黑夜，在季風的暴雨中趕路。

讓我心跳加速的，是糟糕的天候和路況嗎？不是。這趟旅程的終點，是一場千載難逢的體驗：我們將穿越兩座火山間的茂密雨林，尋找一群銀背山地大猩猩（silverback mountain gorilla）。

不過，這本書不是談盧安達遊記。書裡雖然充滿我們的故事，但主角其實是你。

你上次經歷永生難忘的體驗是什麼時候，即使只是一件令人難忘的小事，或是某個初體驗？是幾個月前嗎？還是幾年前的事了？

你上次心想「好想試試這個！」然後給自己一個模糊的承諾「改天吧」，最後把它拋到腦後，是什麼時候？是上週、還是昨天？

或許你的日子過得還不錯。有份好工作、美滿的家庭，隨時能享受生活的小確幸。看著眼前的日子，你覺得：「雖然不完美，但比上不足比下有餘，該知足了。」

但心底總是有個聲音在問：「人生難道就只有這樣嗎？是不是還能再更精彩一些？」

對許多人來說，隨著年齡增長，當生活長期陷入工作和家庭常態時，那種安於現狀的心態會越來越強烈。你太專注處理生活中的大小事（這確實**不**容易），因此停止了探索與學習，也不再為你真正**想**做的事情騰出時間。你總是告訴自己，那些「千載難逢」的體驗可以再等等，等畢業、等工作穩定、等升職、等存款多一點、等沒那麼忙、等孩子大一些、等退休再說。

歲月流逝，那個「改天」卻始終遙不可及。你總是在某些時刻，比如生日、跨年夜，或夜深人靜的時候，突然感到時光飛逝，內心深處冒出那股想活得**更**精彩的渴望。

別再忽視那種感覺了，你已經忽視了一輩子，它從未自動消失。別再蹉跎，**現在**就採取行動吧！

我們為何寫這本書

這裡說的「我們」，是指我（布莉姬．希爾頓），以及我相識十幾年的創業夥伴兼摯友喬．赫夫。我們都來自美國中西部的月光族家庭，沒有人脈，沒上過大學，同時打好幾份工維生，當然也沒中過樂透。好吧，有一次我們兩個都中了最低獎的2美元，但馬上轉手去買了歡樂時段的優惠啤酒。

然而，我們的冒險故事不只是在叢林裡追尋稀有動物。這些年來，我們也去冰島追逐極光，在祕魯的聖谷（Sacred Valley）與馬丘比丘仰望星空，漫步在中國長城上人跡罕至的路段，騎摩托車橫越越南，在寮國與僧侶一起修行，偷偷穿越坦尚尼亞邊境去窺探獵豹，在印尼偶然看到鬥雞比賽，在韓國接受時尚雜誌的專訪，在大溪地與鯊魚共泳，騎著駱駝環繞埃及金字塔，在死海體驗無重力漂浮，在蘇格蘭的鬧鬼古堡為威士忌品牌當模特兒，在挪威乘坐馴鹿雪橇，在泰國的大象保護區工作，在以色列牧羊，在日本與獼猴共浴，更走遍了美國五十州，遇見形形色色的人。

我們是怎麼做到這些事的？以及**出於什麼理由**？老實說，我們兩個從小胸無大志，從沒想過要尋找最好的生活方式。

和許多在經濟不穩的環境中成長的人一樣，我們從小就只想變得富有。不是那種追求「豐富人生閱歷」的富有，而是一般世俗定義的富有：住豪宅、開法拉利跑車的奢華生活，或者至少是達到「想吃美食就能隨時上高級餐廳」的經濟自由。

但過程中，有個東西變了：我們對財富的看法變了。隨著人生的起起落落，我們意外發現了一個多數人太晚才領悟的道理——那個應該顯而易見、卻往往遭到忽視的真相。

我們的經歷，才是人生**真正的**財富。

這個領悟徹底改變了我們的人生，我們相信那也會改變你的生命軌跡。

大家會找理財顧問來協助理財，而我們寫這本書，是為了當你的「體驗顧問」。因為隨著經驗累積，我們越來越確信：最重要的事，是幫助大家打造充滿豐富體驗的精彩人生。

什麼是真正的財富？

試想以下的場景：你即將退休，去銀行查看你的畢生積蓄，櫃員卻一臉茫然地對你說：「抱歉，我看到您確實開了戶，但從來沒存過錢，所以您的帳戶是空的。現在開始存已經太遲了。」

等等，這是怎麼回事？你明明打算要存錢的，只是……你一直沒抽出空檔去做。

可惜的是，這種情況天天都在上演，只是換成了人生最寶貴的財富：經歷。生命走到盡頭時，我們後悔的往往不是做過什麼，而是那些沒做的事。康乃爾大學的研究人員訪問數千名臨終者，問他們此生最大的遺憾時，答案都與金錢無關。高達

76%的受訪者表示：「沒活成我想要的樣子。」[1]

想想看，這表示每四個人中，就有三人後悔**沒為自己而活**，沒去做**他們**真正想做的事。

關於財富與幸福的關係，我們一生都被灌輸了某種觀念。可惜這套觀念問題重重，更扭曲了我們的人生優先順序。

問題首先出在財富的定義，我們一直被灌輸以下的公式：

財富＝貨幣 × 很多！

無論你身在何方，用的是美元、日圓、比索，還是英鎊，我們學到的都是用貨幣來衡量財富。

我們也學到，只要累積足夠的財富，就能獲得安全感，感到放心，進而感到快樂（亦即大致上沒有遺憾）。這個公式看起來像這樣：

金錢 × 很多＝快樂！

但人生根本不是那樣運作的。這是我們都知道的事實，因為一般人臨終躺在病榻上時，不會用物質財富來評價他的一生。在醫院裡，沒有人會含淚要求：「讓我再看一眼我的錢包吧！」墓碑和訃聞上不會寫著「死時銀行存款有1,000萬」。葬禮上，更不會聽到有人說：「我愛鮑伯，他真有錢，他的持股讓他顯得格外有趣。」

鮑伯的同事會談起和他一起在動物收容所當志工的時光；他的孩子會回憶小時候全家去國家公園的旅行；妻子會提起他們每天一起看日落的時刻。

他們談論的是鮑伯的人生**經歷**。

因為事實上，我們用來衡量財富的公式更像是這樣：

財富＝經歷 × 許多

真正構成我們人生篇章的，是那些親身經歷，而非銀行帳戶裡的數字。然而，從來沒有人這樣教導我們。社會只告訴我們，把賺錢擺在第一位，其他的一切自然會跟著到位。這解釋了康乃爾大學的研究中，為什麼那麼多人後悔他們沒做過的事。

別誤會我們的意思，金錢當然很重要。我們不是要你辭職去擁抱大樹，或是對穿名牌服飾的人嗤之以鼻。活在現實世界中，每個人都需要錢。而且，顯然，更多錢能促成更大量的體驗機會。但這本書要談的，不是在賺錢與追求人生體驗之間二選一，而是告訴你：經歷才是**最**值得投資的東西。畢竟，臨終者的五大遺憾之一，是「希望我以前沒那麼拼命工作」。[2]雖然沒有資料佐證，但我敢打賭，沒有人會把「希望我這輩子的經歷少一點」列入遺憾清單。

隨著我和喬越來越確信，「投資人生體驗」是通往無悔人生的方式，我們逐漸發現經歷的影響力超乎想像。越來越多的科學研究顯示，新奇體驗與人生各領域的成功都息息相關，包括健康、幸福感，甚至職業生涯。[3,4]更有研究指出，「對新體驗抱持開放態度」的性格特質（所謂的「好奇特性」〔neophilia〕），與長壽有顯著的關聯。[5]

這個發現讓我們產生一連串的疑問：如果豐富的體驗是長壽、無悔且充實人生的關鍵，為什麼那麼多人仍陷在令人窒息的無盡日常中？為什麼很多人明明渴望更好的生活，卻始終活不出想要的樣子？為何隨著年紀增長，大家漸漸停止追尋新鮮有趣的事物？

於是，我們開始重新思考「致富」的真正含義。如果把人生體驗視為最重要的財富，主動規劃並認真投入，那會對我們的生活、健康、事業、人際關係，帶來怎樣的改變？

展開史上最大的人生體驗調查

為了解開這個問題，我和喬決定親自實驗，嘗試各種新奇體驗。我們向武士大師學藝、和艾迪塔羅德雪橇比賽（Iditarod）的冠軍一起搭乘狗拉雪橇、當養蜂人、搭熱氣球、學當空中飛人、表演脫口秀、體驗汗蒸浴、狩獵與採集自己的食物、去上農場學校、烘焙咖啡豆、自釀葡萄酒，品嘗各種「地方美食」（例如巴掌大的狼蛛、牛腦、三百年的格陵蘭鯊魚肉、雞肉刺身、活章魚、天竺鼠等等。其實還有很多，但我怕善待動物組織〔PETA〕來找我麻煩。幸好目前還沒出現「善待狼蛛協會」）。至於衝浪、滑板、單車旅行、登山、跌倒、在探索新地方時迷路，這些體驗更是多到數不清。

然而，這些體驗不只關乎我們自己。過程中，我們在瓜地馬拉協助建校、在海地安裝淨水系統、在印尼協助人口販運的受害者、在全美各地植樹、為世界各地的聽障者提供助聽器，更協助許多人實現他們的目標、夢想和體驗。

我們獲得了無數歡樂，但也經歷過恐懼、失敗、難堪、不適與掙扎。不是每段體驗都很輕鬆愉快。事實上，最珍貴的體驗通常都不輕鬆，所以才會深深地改變我們。有些最有意義的體驗，完全沒照我們的計畫進行。幸好，我們的快樂與財務狀況無關。許多最美好的經歷，反而是發生在我們經濟最拮据的時候。

如果這是我們的感受，那麼其他人又是怎麼想的？我們如何從別人的成功與失敗中學習？於是，我們開始詢問親友：

「你人生中最寶貴的經歷是什麼？最大的遺憾又是什麼？」

這個念頭促使我們走訪養老院，與長者促膝長談。還有誰比他們更懂得分享人生智慧與反思？這些對話令人動容，但也帶著幾分酸楚，因為每段真摯的故事都印證了我們的論點：隨著時日無多，遺憾變得日益清晰。這激發了我們擴大規模，展開史上最大的人生體驗調查，橫跨各年齡層、遍及全球，總共有2萬多人參與。

我們的研究發現了明確的模式：有些人成為我們所謂的「體驗富翁」，有些人陷入「體驗破產」，而且再也沒有翻本的機會。為了寫這本書，我們將這些模式轉化為具體可行的步驟，以突破障礙，獲得我們最渴望的人生體驗，例如在盧安達追蹤大猩猩……結局是這樣：

歷經24小時在熱帶風暴中的驚險跋涉，我們終於見到了另一種自然奇觀。確切地說，是只能低頭看地面的特殊體驗。查爾斯和法蘭索瓦警告我們，若不小心抬頭，很可能被重達180公斤的銀背大猩猩撕破臉。他們是畢生致力防止這些神奇野生動物遭到盜獵的專家。他們解釋，這些大猩猩可能把人類的直視當成威脅，而且牠們還要保護幼崽（那些毛茸茸的小傢伙可愛得讓人想偷抱一下）。

我們屏息凝視，看著牠們把山坡當成無盡的遊樂場，像人類的幼兒那樣翻滾、旋轉、攀爬、打鬧，而且離我們只有幾步之遙。我和喬凝視著這些貌似威嚴、卻又充滿人性舉止與情感的生物時，時間彷彿停止了。我們久久無法移開視線，彷彿可以永遠盯著牠們看一樣。

然而，大自然再度與我們作對。烏雲密布，轉眼間下起了大雨，接著竟降下冰雹。眼看太陽就快下山，我們別無選擇，只能向我們跋涉一整天才找到的大猩猩道別。若想在天黑前下山（我們當然想），就得分秒必爭。

冰雹打在我們身上，我們連滾帶爬地滑下陡坡，腎上腺素狂飆。即使是晴天，在盧安達叢林裡也很容易迷路，更何況是在反常的冰雹下。誰能料到熱帶雨林裡竟然會下冰雹？

我們跌跌撞撞地闖進一片茂密的竹林，總算暫時躲過風暴的襲擊。趁著喘息之際，我們檢查了裝備。防水外套：明智的選擇；登山鞋：徹底報廢。顯然一般的登山鞋不適合穿來走火山國家公園的山路。嚮導穿著及膝長靴，看來從容自若。他們果然經驗老到，而我們呢？狼狽不堪。

天色漸暗，我們不得不繼續下山。彈珠大小的冰雹砸在我們身上，留下紅腫。但面對這場現實版的《叢林奇譚》（*The Jungle Book*）冒險，我們的心情一點也不沮喪，反而非常興奮。當然，就在我們遠遠看到車子的那一刻，冰雹正好也停了。我們互看一眼，不禁放聲大笑。

我們知道，這一天將成為永生難忘的珍貴回憶。

全球人生體驗調查

2022-2023年進行，2萬多人受訪

1. **這一生最想完成哪三件事？**
   - ✦有具體計畫嗎？
   - ✦尚未實現的原因是什麼？
2. **人生中最寶貴的三種東西是什麼？**
   - ✦為什麼它們對你特別重要？
3. **你最怕哪三件事？**
   - ✦為什麼會害怕這些事情？
   - ✦你是否因為這些事情而放棄了夢想？
4. **童年最愛的活動是什麼？**
   - ✦現在還會做嗎？
   - ✦如果不會，原因是什麼？
5. **最想學會哪三種技能？**
   - ✦有計畫去學習這些事情嗎？
   - ✦尚未開始的原因是什麼？
6. **一生的最大遺憾是什麼？**
   - ✦現在還有機會彌補嗎？

現在，該告別將就的人生了

這本書是由我和喬合力撰寫的，我們輪流執筆一章，透過分享親身經歷與觀點來詮釋每個重要的概念。翻開這些篇章，你將學會如何調整人生方向，以創造更多有意義的體驗，讓生命不留遺憾。這不是空喊「追逐夢想」的心靈雞湯，而是一本結合科學研究、充滿實用方法的「人生體驗指南」。我們的故事只是引子，證明每個人都能活出值得自豪的人生篇章。

在第一部中，你會了解，累積人生體驗為什麼是你該做的最重要投資、如何看清你這輩子真正渴望什麼，以及為何你必須盡快行動。第二部帶你了解各種阻礙（呃，其實都是**藉口**），並學會消除這些障礙。第三部，你將探索活出充滿故事的人生的具體方法：該關注什麼？為什麼每種體驗都很重要？以及如何讓大大小小的體驗成為你的日常。

只固守在工作、學業、照顧家庭、日常瑣事等熟悉的基本生活軌道上，不僅會讓你的人生陷入貧乏，也限制了你能為他人乃至於世界所帶來的價值，甚至可能縮短壽命。所以，如果你想在臨終時覺得此生無憾，現在就必須行動，一刻也不能耽擱。

PART I

釐清內心的「體驗寶藏」

Make Your Treasure Map

第 1 章

以終爲始思考，人生會更好

「二十年後，讓你遺憾的不是做過的事，而是沒做的事。」

——馬克·吐溫

喬：

要活出最精彩的人生，該從哪裡開始？從生命的終點開始思考吧。

從出生的那一刻起，我們都得了同樣的絕症：死亡。這是無法逃避的事實。你，沒錯就是**你**，終究得面對死亡。

我知道你在想什麼：「廢話，這還用你說嗎？」但你**真的想過這件事**嗎？

多數人把這個念頭拋諸腦後，用各種瑣事來轉移注意力，拒絕認真思考「生命有限」這個事實。我們把死亡藏在醫院和養老院裡，用「人生苦短」或「人生只有一次」之類的貼紙標語敷衍了事，卻始終不願正視自己終將消逝的事實。

大家覺得在社交場合談論死亡很不得體，我們心照不宣地遵守這條潛規則，將生死話題列為禁忌。即使朋友出車禍身亡，或親戚突然心臟病發過世，你可能依然心想：「那不會發生在我身上。」

可惜，人生沒有彩排，而死亡這個課題又太過重要，不容忽視。想要真正了解活著的意義，就必須誠實面對死亡，對死亡要有現實客觀的認知。

怕死是人之常情，甚至有益健康，畢竟這種恐懼可以幫你遠離危險。問題在於，害怕**思考**死亡。矛盾的是，你越是逃避死亡話題，越有可能虛度一生。你會自我催眠，以為可以把真正想過的人生，推遲到某個「未來再說」的時刻，但那一刻可能永遠不會到來。

當生命走到盡頭，你希望回顧的是精彩無憾的一生，還是懊悔自己虛度了光陰，沒有為你在意的事情騰出時間？如果你始終不敢正視死亡，懊悔幾乎是必然的結局。

思考死亡或許令人不安，但實際上，這正是改變人生的關鍵。死亡的殘酷，反而可以讓人看清生命的真諦。這就是為什麼許多經歷過瀕死體驗的人，人生往往會徹底改變。他們死裡逃生後，突然有了新的迫切感，開始付諸行動。例如，踏上夢寐以求的旅程、向心愛的人求婚、挑戰馬拉松、早起欣賞日出的魔幻時刻。

我們都需要這種迫切感，但不必真的經歷瀕死體驗才醒悟。

父親倒下後，我才發現的「殘酷現實」

18歲那年，我眼睜睜看著父親的生命戛然而止，意外地提早走到終點。

我爸的童年並不順遂，他在芝加哥的工人階級社區長大，有五個兄弟姐妹，日子自然過得很艱苦。他和我媽是在製作剎車片的組裝線上相識的。我爸是出了名的拼命三郎，每天清晨5點出門上班，做到深夜才回家，但從不抱怨。越戰期間，他像那個年代的許多男人一樣，目睹了難以言喻的慘狀，因此對生命格外感恩。

可惜的是，戰爭也留下了另一個後遺症，他因接觸橙劑

（Agent Orange）而長期罹患高血壓。我們舉家搬到加州後，我上了高中，我爸開始出現更多令人擔憂的健康症狀。醫生始終告訴他，那只是潰瘍或其他不會致命的小毛病。於是，我爸繼續拼命工作與加班。

直到某天早晨，我下樓時發現他癱在廚房的餐桌旁，臉色慘白、全身冷汗。我立刻打電話叫救護車，無助地守在一旁，等待救護人員趕到。他被緊急送醫後，展開了長達兩個多月有如地獄的煎熬。

我父親不是罹患潰瘍，而是嚴重的心肌病變（心肌肥大與纖維化）。由於病情危急，他立刻被排在心臟移植的名單首位，但存活率不到10%。

獲得移植機會讓我們心存感激，但等待的過程十分難熬。才兩週，他就經歷電擊搶救，後來又反覆做了好幾次。在醫療劇中，這是很酷的場景，但對原本就虛弱的病人來說，每次都是非常痛苦的折磨。他痛到要求下次別再急救復甦了。

接下來那幾週，他的心臟仍持續跳動，但他已陷入昏迷，體重驟減了18公斤。那時醫生向我們解釋，心臟若再次驟停，我們可以推翻他先前的決定，賭看看或許即將進行的移植手術能徹底改善他的生活品質。我們同意了。隔週，醫生又用1,000伏特電擊他一次。

等待奇蹟的時候，時間彷彿靜止了。我們在醫院的長廊來回踱步時，想到多數人也是這樣活著，就覺得可怕：勉強擠出時間度假，等待可能永遠享受不到的退休生活，為了可能不存在的未來而犧牲當下。

隨著我爸的情況持續惡化，我有了大量的時間反思。當時我才剛度過叛逆的青春期，曾因嚴重的毒癮而遭到高中退學，好不容易重振旗鼓，正準備重新出發。

但看著50歲的父親痛苦地邁向死亡，我的世界徹底崩解，不禁開始質疑人生的殘酷。他一生勤奮工作，換來幾次短暫的休假，除此之外呢？他養活了全家，這確實是不小的成就，可是……難道成人的生活就只有這樣嗎？拼命工作、偶爾享有一些小確幸，然後就掛了？

這個念頭在我的腦海中盤旋越久，我越覺得心煩意亂。最終，我只得出一個結論：**這實在太荒謬了**。

想像死亡，把人生畫成表格

我爸的病況或許無可避免，但可以避免的是，他不必帶著那些「改天再做」的遺憾離世。

此時此刻，世上有多少人正面臨同樣的處境？多少人突然驚覺自己的時日不多了？發現那些「改天再說」的計畫永遠也不會實現？

你會怎麼做？有什麼感想？當你領悟到人生有限時，你會開始規劃你一直想做的事情嗎？

期限的神奇效力，在於逼人看清真相及找出重點。就像期末考前臨時抱佛腳，重大會議前熬夜準備，繳稅截止日前趕著完成報稅一樣，我們都知道期限能刺激我們完成重要的事情，但前提是它必須具體，而且感覺很緊迫。

但我們現在講的不是報稅截止日，也不是期末考前夕，而是你的人生，**當下**正在發生，無論你是否過得渾渾噩噩。別指望到最後關頭才臨時抱佛腳，並期待一切圓滿收場。

所以，別再拖延了。讓我們來做個思想實驗，幫你重新審視人生。本章末尾，我們會深入探討並把它寫下來，但現在我們先動腦思考就好。

想像你的醫生剛剛打電話來，告知你的檢查結果，要你做好心理準備：你只剩一年的壽命。深呼吸，慢慢消化這個消息。突然間，你的時間變得有限。話說回來，其實它一直是有限的，只是現在**感覺**更明確了。就像原本無數的現金，如今變成一個錢包裡的鈔票。你可以握在手中，看得見、數得清。

這一年你會怎麼過？臨終前，你最想完成的十件事是什麼？

現在問問自己：這十件事中，有多少是你正在積極進行的？

如果你和多數人一樣，答案恐怕是「一件都沒有」。這不僅是我們全球人生體驗調查的發現，也是多項研究印證的事實。

研究顯示，多數人（康乃爾大學的研究是76%，我們的調查結果甚至超過80%）最後悔的不是做過的事，而是那些從未嘗試的事。例如，從未達成、甚至從未嘗試的目標；一直想去卻沒去的地方、想學卻沒空學的技能。在我們的調查中，受訪者告訴我們，他們一直想去義大利、爬山、學西班牙語、創辦非營利組織、學彈吉他等等。

為什麼我們總是放棄那些明知能讓生命更豐盈的體驗？這正是我們接下來要探討的問題。

對高達94%的受訪者來說，理由不外乎是「一直抽不出時間去做」。

這聽起來很荒謬，但又不無道理。從小到大，沒有人教我們要優先尋求及投資新體驗。學校不會教你如何追尋夢想、活出充實人生。我們沒有意識到，唯有經歷是人生唯一永遠不會失去的東西。沒有人告訴我們，豐富的體驗能讓人更健康長壽，還有什麼比這更有價值的？

那麼，「價值」到底意味著什麼？隨手上網搜尋「有價值的」，映入眼簾的要不是璀璨鑽石，就是一些奇怪的金蛋，甚至是印成百元美鈔的衛生紙（不信你自己搜尋看看）。但我們實地調查2萬多人，問他們生活中最有價值的東西是什麼，沒有一個人緊抓著珍珠項鍊回答「金磚」、「勞斯萊斯」或「鑲鑽牙套」。事實上，絕大多數受訪者的答案**都與金錢或物質無關**。

然而，我們總是找藉口拖延個人目標，自欺欺人地說「以後就有空了」，然後一拖再拖，直到為時已晚。

當然，希望你的醫生沒有打電話告訴你只剩一年的壽命。如果他知道那麼確切的時間表，那也挺奇怪的。他要是真能預知死期，那診所恐怕早就擠爆了。

我們需要面對死亡，但不必等到生死關頭才幡然醒悟。我們得想辦法讓死亡意識進入日常，誠實地思考生命的有限性。這聽來可能有點自虐，但其實不然。這正是刺激你踏上新旅程的方法，讓你帶著覺悟與迫切感，去活出你真正渴望的人生。

要激發這種迫切感，「死亡提醒表」（Memento Mori）是個好工具。Memento Mori這個流傳數百年的拉丁短語是一句行動號召，意思是「切記！你終將一死」。

人類平均壽命（年）

☐☐☐☐☐☐☐☐☐☐
☐☐☐☐☐☐☐☐☐☐
☐☐☐☐☐☐☐☐☐☐
☐☐☐☐☐☐☐☐☐☐
☐☐☐☐☐☐☐☐☐☐
☐☐☐☐☐☐☐☐☐☐
☐☐☐☐☐☐☐☐☐☐
☐☐☐☐☐☐

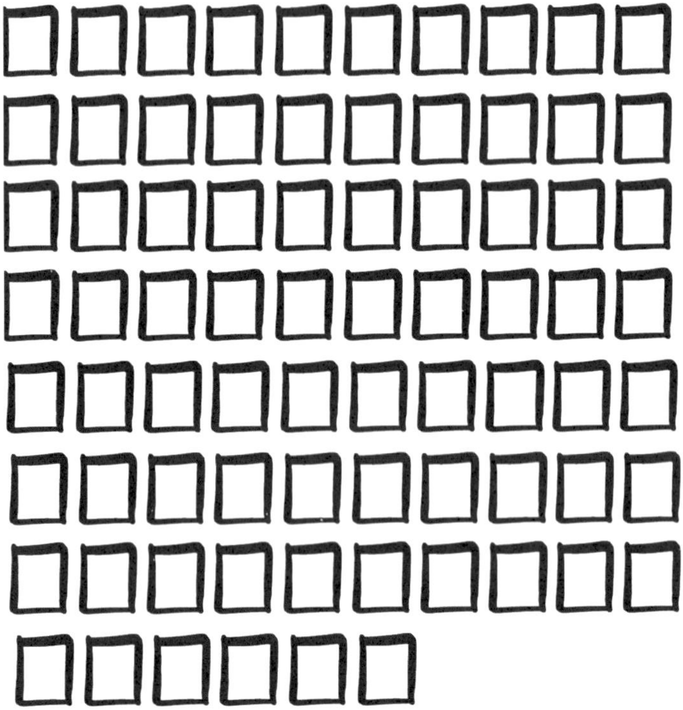

可在 ExperientialBillionaire.com 下載。

這張圖是把概念加以視覺化。76個方格，代表美國人的平均壽命76歲。把你已經度過的歲月塗滿，剩下的空白就是你還能活的歲數。這比什麼都更能提醒你：生命有限。或許這讓人感到不安，甚至恐懼。不過，忽視這個現實，虛度人生，難道不是更可怕嗎？

所以，再怎麼可怕，也請把這張圖貼在牆上，或設成手機桌面。**想辦法**讓你每天都能看到它，感受到時間不斷地流逝。你需要這種迫切感，它會促使你充分利用時間，活出最充實的人生。

「死亡提醒表」除了營造迫切感以外，還能幫你計算人生體驗的數學題（當然是以平均壽命為前提）。

例如，假設你現在40歲，理論上還有三十六年的餘命。你每年休閒旅行幾次？如果一年只有一次，那你最好先選好死前想看的三十六個地方。別忘了有些地方你可能會想要舊地重遊，而且等到你快80歲時，恐怕也不太能環遊世界了（如果可以的話，那就太棒了！）這樣算下來，剩下的三十六年裡，你可能只能造訪十五到二十個新地方。

你有小孩嗎？假設孩子現在9歲，這表示在他離家獨立以前，你們只剩九個暑假可以共度。如果你想來一場經典的美國家庭公路之旅，現在就該規劃了。

那父母呢？他們的「死亡提醒表」已填滿了多少格？假設他們65歲，表格只剩十一格。你一年見他們幾次？把那個數字乘以11，就是你這輩子還能見到他們的次數。是不是比你想像的更緊迫？

踏上重生的旅程

回到聖文森醫療中心。苦等七十天後，我們看著直升機降落在醫院的頂樓，載來一位23歲青年的心臟，他一兩個小時前剛因機車事故喪生。看著工作人員從機上提下那個看似普通的紅色保冷箱，那感覺無比震撼又超現實：那裡面不是我們平常在後院烤肉時裝的啤酒，而是一顆能讓我爸重獲新生的心臟，來自一個不幸驟逝的年輕生命。

接下來幾週就像夢境一樣模糊。手術很順利，但恢復過程起伏不定，最終移植宣告成功。之後便是等待……等待醫生承諾的那種脫胎換骨的生活品質改善。

然而，期待的奇蹟並沒有出現。我爸依舊虛弱，又住院了兩個月。出院後，他和他弟弟搬到醫院附近的小公寓，以便有狀況時可以趕赴急診。即使出院了，他仍病痛纏身，極度虛弱。當我問他，是否慶幸我們當初搶救他時，他深陷在沙發裡，褪色的深藍色運動褲散發著醫院的氣味，灰白鬍渣下的臉色更顯蒼白，他毫不遲疑地回答「不」。顯然，現實的發展不如我們所願。

我爸飽受病痛折磨之際，我叔叔（同是越戰老兵）也診斷出心肌病變，且被認定終身失能（不久他也接受了心臟移植）。他看著我爸的狀況，覺得不能再這樣下去了。他提議他們一起搬離那間陰鬱狹小的城市公寓，找個更放鬆的地方生活：靠近水域，又能開車和家人相聚的地方。由於他們兩人每月僅有1,600美元的固定收入，這表示唯一的選擇是墨西哥。

我爸徵求我的意見，我毫不猶豫地說：「你該去。」他的醫生很擔憂，直接打電話給我，列出所有的風險，以及他絕對不該去的理由。但我和我弟討論後，寧願看到他在墨西哥海灘享受一週的時光，也不願看他在加州河濱市無止境地看病。我們希望他真正地過日子，而不只是勉強地維持生命。如今的他，早已無所畏懼、了無牽掛了。

他們收拾行李，放上車，就沿著海岸線向南行駛，目的地模糊地設在芝華塔尼歐（Zihuatanejo）。這個地名是他們從電影《刺激1995》（*Shawshank Redemption*）看來的，片中兩位被判無期徒刑的主角，最終在那裡重獲新生。套用在他們身上還真貼切！他們的人生也被判了「無期徒刑」，但他們不甘如此，所以決定像電影角色那樣逃離。雖然最終他們沒到達那麼遠的南方，但意外發現了一個叫聖卡洛斯（San Carlos）的魔幻海濱小鎮。他們找到一間月租400美元的濱海小屋，簽了六個月的租約。

他們「暫時」安頓了下來，打算以那裡為基地，探索最終在墨西哥定居的地點。沒想到奇蹟悄然發生了，短短幾週，我爸的健康顯著好轉。當初反對這趟旅程的醫生推測，遠離醫院的壓力環境可能帶來了轉機。

對我們其他人而言，答案再清楚不過了：新環境讓他重煥生機。他知道這次他不會再虛度餘生了。

他在這個與世隔絕的海濱小鎮，結識了這種地方常見的多元在地人物。他徹底改變了生活方式，開始嘗試過去從未體驗的歡樂活動，例如魚叉獵魚、揚帆出航、登山、越野單車等等，我爸都玩遍了。

移植手術以前，他從不花時間交朋友或社交。我第一次去探望他時，驚訝地發現他已成為鎮上人見人愛的熟面孔，結交了形形色色的有趣朋友。

他的住處是鎮上唯一能打長途電話的地方，所以他主動邀請所有的外籍朋友，需要時到他家打電話。很快地，他家從早到晚都有人到訪。這些人會把通話記錄寫在紙上，等帳單來時，再付錢給他。

他索性把這些免不了的日常聚會，稱為「Isuzu酒友會」（當時他開的車是Isuzu Trooper）。入會的唯一條件是什麼？「其實不必開Isuzu。」這些日常聚會最後往往演變成西洋棋賽、划獨木舟、夕陽晚餐，或其他有趣的活動。後來，鎮上設施改善了，朋友也裝了電話，但聚會和冒險依然持續。

看著他的行程表填滿各種體驗，身邊圍繞著關係緊密的朋友，那真是美好的時光。

迫切感的啟示

我爸的重生故事深深震撼了我。他原本可以安於現狀，繼續蜷縮在河濱市的那間公寓裡，終日提心吊膽地守在醫院附近。但真正的蛻變，需要勇於放棄虛假的安全感。於是，他決定改變，用最渴望的事物來重新打造人生。

父親的磨難給了我一份珍貴的禮物：**生命的迫切感**。我突然意識到，沒有人能保證我還有多少時間去實現夢想、達成目標。因此，當我爸開始他的「延長賽」（他老愛這麼說）時，我也開始思考如何完成所有想做的事。

當然，我和多數人一樣，仍面臨著跟以前一樣的問題（這也是多數人都有的問題）。沒錯，我有模糊的夢想，但不知該從何開始。我沒有人脈，也沒什麼錢。最重要的是，我沒有花時間去搞清楚我的夢想到底是什麼。

但憑著這次新覺醒所帶來的迫切感，我開始列出想做的事項清單，並且真的付諸**行動**。我一直想嘗試脫口秀表演。雖然感覺很可怕，但想到如果現在不做，可能永遠也不會做了，於是我整個豁出去，上台表演了。我獨立生活後，開始想念我媽的料理，於是我翻出舊食譜，開始學習幾道家常菜。存錢幾個月後，我和三位好友一起去跳傘。感恩節時，我到救濟廚房當志工。這些都是我知道此生未做必定會後悔的事，而且它們都不需要花太多時間或金錢，只要有迫切感和行動力就能辦到。

我列了一些我不知道會不會喜歡、但至少想嘗試看看的冒險。比方說，懸崖跳水（愛上了）、自由潛水（超酷）、長途單車旅行（發現我雖然愛騎車，但屁股的耐受度有限）。完成這些目標不僅給我很大的成就感，也馬上為我的人生增添了價值。

但我的生活依然缺乏方向。我在財務和個人成長方面，一直找不到什麼突破的機會。高中時沉迷於毒品而非規劃未來，讓我缺乏可效法的榜樣。青春期的玩伴大多難以適應成人生活，許多人仍在對抗毒癮。有人入獄，有人喪命，這種事一再發生。

我不知道自己想要什麼，但我知道絕對不是那樣的人生。

我想離開，找個新地方重新開始，一個能遇見志同道合的夥伴、大家都想追求更好生活的地方。但該去哪兒？

偶然間，我去朋友家參加一場小聚會。他介紹了兩位鄰校的女性朋友給我認識。聊天時，她們提到想搬去紐波特比奇（Newport Beach）。我說：「搬到海邊？太棒了！」腦中立刻浮現穿著沙灘褲和人字拖的生活畫面。從小到大，我一直想學衝浪，但由於父母來自芝加哥，即使海灘離住處僅約45分鐘的車程，我們家也很少去海灘。

我半開玩笑說，我要跟她們一起搬，她們笑著回應：「太好了！我們正缺男室友！」我們交換電話後就各自回家了。我們都未滿法定飲酒年齡，所以大家很自然地以為，那些都是酒後的玩笑話。

但回家後，那個念頭一直在我的腦中盤旋。我想起以前我和朋友老是說「長大後」要搬去海邊。那到底要等到什麼時候？既然我都搬出來自己住了，為何要選個離老家不遠又毫無意義的小鎮？我在留戀什麼？腦中開始想像朋友可能為此找的各種藉口。

我內心的迫切感終於爆發：「為什麼不是**現在**？」

接下來那幾週，我卯起來尋找住處，打了無數通電話給潛在房東。起初我覺得選擇很多，但很快就發現：多數租屋需要信用記錄（很怪吧），或只租給家庭（更怪的是，很多房東不願租給三個19歲的年輕人）。我只能利用兩份工作的空檔（白天在隨機的工地做品管檢查，晚上在一家製造拖車車廂側板的工廠工作），繼續尋找租屋。

終於，我找到了理想的住所：一棟離海灘僅一個街區且租金實惠的三房住宅。房東很爽快，說我是第一個聯繫他的租客，只要提交申請和押金，房子就租給我們。我說：「沒問題！」現在我只需要通知那兩位女孩。希望她們當初是認真的，或至少願意考慮這個提議。

「嘿！還記得我嗎？妳們搬去海邊了嗎？還沒？太好了，

因為我找到一間完美的房子！」

兩週後，我和那兩個在派對上認識的女孩，就這樣搬到了海邊。

讓這份新體悟，成為你生命的轉折點

我爸移居墨西哥十幾年後，罹患了癌症，那很可能是移植過程中必須服用的抗排斥藥物所產生的副作用。他抗癌成功一次，但二度罹癌時，終究不敵病魔。最後他被空運到亞利桑那州土桑市的榮民醫院，我去那裡陪他「等死」（這是他的原話，就算臨終，他也幽默感不減）。

他仍夢想著戰勝病魔，他的妻子也日夜祈禱，但我們仍為他安排了居家安寧照護。他的生命逐漸衰竭，最終幾乎整日陷入昏迷，只在疼痛難忍時，才醒來要求注射更多的嗎啡。我們通知親友，如果想見他最後一面，就是此刻了。

所幸，他在聖卡洛斯的兩位摯友及時趕來。他們一到，我爸突然精神一振，奇蹟般地清醒了兩小時。我看著他們回憶共度的美好時光：一起揚帆出海、共享感恩節晚餐、經歷車禍、欠下未結的酒錢（還有酒吧鬥毆）、聽現場音樂、在月光下游泳、徒步穿越沙漠，以及當初他們每人出資100美元創辦的慈善計畫，如今已募得超過10萬美元，幫助數十名清寒學子上了大學。

他們向來愛互相調侃鬥嘴，即使我爸已虛弱不堪，他們也不打算放過他。事實上，他們比以往鬥得更兇，也笑得更開懷。大家都知道，此刻是生死關頭。這是他人生的最終章，即將謝幕。

他們回憶往事與笑話時，我爸的眼中重現了久違的光芒。那幾個小時裡，房內傳出的開懷大笑，彷彿他們又回到Soggy Peso海灘酒吧，坐在廉價的塑膠椅上，腳趾埋進沙裡，面前擺著新一輪的蘭姆酒與可樂，背景是海上日落，無憂無慮。你絕對想不到這是他們給摯友的惜別會。最終，道別的時刻來臨了，大家依依不捨地離去。

他們回家了，回到各自的生活。我爸在那天深夜離世，但我深信，在生命的最後一刻，他走得很安詳。因為他知道過去十年間，他與所愛的人共同累積了無數珍貴的回憶。我想，某種程度上這也證明了，我爸不是那種臨終時滿懷遺憾、懊悔自己很多事沒做的人。但至少我知道，他在人生的延長賽裡活得痛快盡興。光是這點就足以讓我相信，體驗豐富的人生才是最值得的。

多數人沒那麼幸運，不會有瀕死經驗讓他們體認到「改天」可能就是今天。我和許多人一樣，曾經幻想我能在百歲之際安詳地在床上離世，壽終正寢。如今我才明白，現實中很少人能這樣走完人生。多數人不僅壽命更短，死前還得忍受病痛纏身的折磨。而且，超過14%的死亡完全猝不及防，因此留下無數未說的話、未完成的事，以及永遠來不及開始的遺憾。[1]

別擔心，這本書不會喋喋不休地催促你「趁活著趕快去做什麼」。但你現在培養的迫切感，正是激勵你採取行動的動力。書中提供的實用方法，能幫助你累積豐富的人生體驗，就像我父親那樣，最終無憾（或至少大幅減少遺憾）地離世。

就讓這份對死亡的新體悟，成為你生命的轉折點吧。從此不再擱置夢想，而是開始積極規劃。畢竟，時間正在流逝。

行動指南

畫出人生尋寶圖

別跳過這個練習！這是你打造豐富體驗、讓人生更富足的基石，因為它能幫你釐清內心真正珍視的「體驗寶藏」。若沒有這份覺悟，你很容易在人生的汪洋中隨波逐流，任憑風浪擺布，始終活不出自己想要的模樣。十年前，我們首次在自己身上測試這個方法，後來也指導許多人做這個練習，每一次都能產生強大的效果。

開始之前請明白，這個練習可能會觸動深層的情緒。別壓抑，就讓真情流露吧。這表示你正觸及想要的人生本質。事實上，如果你幾乎沒什麼感覺，很可能是你挖得不夠深。

還記得那通醫生打來的嚇人電話嗎？他迫使你思考你還能活多久。那其實是這個練習的起點。

請騰出30到60分鐘的安靜時間，找一個不會被打擾的地方。你只需要準備一張普通的紙和一支筆。

1. 將紙摺成三等分，形成三個欄位。在第一欄的頂端寫上「一年」，列出如果你只剩一年生命，最想體驗的十件事。請認真思考，只列出確實能在一年內完成的事情。

2. 中間欄位寫上「一個月」，同樣列出生命只剩三十天時，你最想做的十件事。內容可與「一年」那欄的內容重複，但務必深思熟慮且切實可行。

3. 第三欄標注「一天」。如果你只剩一天能活，知道那是你的**最後**一天，你會做什麼？

4. 檢視這三份清單：有多少事情是你正積極實踐的？在這些項目的旁邊標注星號。我知道，你可能很震驚。

5. 針對未標星號的事情，自問為什麼遲遲未行動？既然這些事情重要到能列入清單，為什麼在你還有時間時，卻覺得不值得去做？是什麼阻礙了你？是時間、金錢、恐懼？還是單純缺乏行動力？請記住這些障礙，因為本書的第二部將協助你克服。

6. 完成三份清單後，尋找其中的型態。有哪些事項同時出現在三個欄位？那些重疊的項目就像閃爍的警示燈，提醒你那是你最重視的事物，應該成為你人生的優先要務。

好好保存這張「人生尋寶圖」，我們在書中會持續用到它。把它貼在你每天都會看到的地方，像是冰箱或鏡子上。這些事情很重要，它們就是你的未來。每天看見它們很重要，它能提醒你什麼才是你的優先要務，督促你付諸行動。

注：請上 ExperientialBillionaire.com 去下載或列印這個練習的延伸版本，以及免費的人生體驗指南。

第 2 章

想像富足人生

「我渴望活得深刻，汲取生命的精髓，開拓遼闊的天地，細品生活的滋味。將人生過得透徹，剝除一切虛飾，展現其最純粹的本質。」

——梭羅

布莉姬：

我不會去評判那些不願離開密西根州夫林特市（Flint）的人，但我知道，就算拼了命，我也要找到離開這裡的逃生鈕。在這個藍領階層為主的小鎮，大家勤奮工作，但也飽受成癮問題、犯罪、經濟困境的折磨。從小，我就迷上音樂並夢想前往好萊塢闖蕩，希望那裡能成為我通往**不同**未來的門票。對我來說，音樂不是背景的雜訊，它更像一個安全的空間，一位知己，一座可以讓真情流露的家園。歌手藉由音樂唱出自己的掙扎，追逐夢想。我童年最愛的影集《新鮮王子妙事多》（*The Fresh Prince of Bel-Air*），更讓加州看起來像充滿吸引力的居住地。

但《富貴名流生活》（*Lifestyles of the Rich and Famous*）所展現的那種生活方式離我太遙遠。我完全不知道「不同」的未來究竟是什麼模樣，更不知道該如何實現。12歲的我已經夠了解現實狀況，知道我不可能直接放棄七年級的課業，從此開始環遊世界，度過餘生。不過，我在學校聽說有一種暑期計畫，可以去歐洲的寄宿家庭生活。由於我當時一點也不在乎學業，恐怕連歐洲任一國的位置都搞不清楚，但這一點也不重要。不知怎的，我就是知道，這趟旅程就像是對未來支付的一筆頭期款，保證我這一生可以去見識及體驗傑納西郡（Genesee County）以外的世界。

不過，我的計畫有個小問題：我根本沒錢。我爸媽不可能一下子掏出那麼多錢，12歲的孩子也找不到什麼合法的工作。於是，我開始了人生的第一次「創業」：在山姆量販店（Sam's Club）買了大量的糖果，再拿到保齡球館轉賣。夫林特這一帶的保齡球館，總是瀰漫著Marlboro的菸味，地毯上留著百威淡啤的變味汙漬，地毯花色令人眼花撩亂。雖然環境衛生堪憂，但這裡有一群願意光顧的目標客戶。那些半醉的保齡球客看到小女孩在那裡販售巧克力棒，通常會心軟而捧場。

我的生意蒸蒸日上，持續了好幾個月，直到有天奶奶發現我穿著保齡球鞋，察覺事情不太對勁。她是那種不會跟你講程序正義的人，直接衝進我的房間搜查，當場查獲我偷來的球鞋。我知道你在想什麼……誰會偷這種東西？當時我居然覺得保齡球鞋很時髦（說實話，我穿起來根本毫無時尚感可言）。所以，這位「新銳女老闆」就順手牽羊帶走了幾雙租用鞋。

奶奶開車帶我到銀河保齡球館（Galaxy Lanes），我心虛地向店長道歉，把偷走的一堆球鞋還給他。（此處插入淒涼的長號聲……）結果我被球館列為拒絕往來戶，人生第一次的創業就此告終。

不過，奶奶倒是想個辦法。她想安撫我第一次創業失敗的打擊，也想幫我這個叛逆的靈魂找到信仰，所以用讀《聖經》的方式來賄賂我。更確切地說，是要我抄寫經文，以確保我真的讀了。到現在我還記得，當時怎麼也想不通，為什麼上帝要在創造太陽和星星之前先創造光。

我熬了好幾個晚上拼命地抄寫，總算達到奶奶要求的數量。靠著賣糖果的積蓄和奶奶的「抄經獎金」，我終於湊夠了去歐洲的旅費。這是我人生中第一次搭飛機（往後的人生，陸續搭了數百次）。至今我仍記得，在倫敦下機時，我天真地以為「海關」（customs）是教人當地習俗（custom）的地方。要學的東西，實在太多了。

我跟著學生團在英國待了幾週。我們住的當然不是麗思卡爾頓（Ritz Carlton）那種豪華飯店（那時我唯一知道的Ritz是餅乾牌子），那段日子我全靠麥當勞的雞塊填飽肚子。那次旅行以前，我對英國的認識，僅限於在電視上看過黛安娜王妃的葬禮、迷戀過威廉王子（沒錯，我房間裡還貼過他的海報），以及會唱辣妹合唱團的〈Wannabe〉而已。

離開英國後，我搭長途巴士前往丹麥，寄宿在一個當地家庭裡，他們的女兒比我大幾歲。她不情願地帶我去參加派對，我們一起騎單車逛哥本哈根，她也介紹我認識新的最愛：Nutella巧克力榛果醬。這趟異國文化初體驗，讓我得到了許多深刻的體悟（排名不分先後）：第一，早餐吃類似巧克力醬的塗料超讚的；第二，參加派對很有趣；第三，**只要我想要，就一定能做到**。

✦ ✦ ✦

當你清楚知道自己想要什麼，以及為什麼想要時，奇妙的事情就會發生。這種清晰感會讓你看到以前從未注意到的前進道路，並激勵你踏上那條路，即使路途看似艱辛或令人畏懼。保齡球館和山姆量販店一直都在那裡，只是在我找到夠強烈的動機以前，從來沒想過我能靠它們賺錢。說穿了，人們能到達想去的地方，正是因為他們知道自己想去哪裡。

在本章中，你將為自己描繪出清晰的願景。上一章完成的「人生尋寶圖」是個很好的起點，現在我們要更進一步，讓你清楚看見未來生活的樣貌。一旦你在腦海中勾勒出那個畫面時，你就賦予自己實現它的力量了。

探索你內心的羅盤

和許多小女生一樣，我最初的音樂摯愛是男孩團體。我頂著一頭蓬亂的金色長髮，老愛幻想自己是韓氏兄弟（Hanson）的一員（那時網路不發達，還真有人相信我的鬼話）。當超級男孩（'N Sync）在街角的和聲屋唱片行（Harmony House）舉辦簽唱會時，我甚至邀請剛走紅的賈斯汀·提姆布萊克來參加我的13歲生日派對（可惜我的夢中情人沒來）。在同學眼中，我算不上什麼「風雲人物」（比較像會參加樂儀隊與合唱團的那種孩子），這些白日夢成了我逃避現實的方式。

幸好，後來我發現了父母的唱片收藏，在接下來那幾年轉而崇拜搖滾眾神：齊柏林飛船（Led Zeppelin）、披頭四、湯姆・佩蒂（Tom Petty）、平克・佛洛伊德（Pink Floyd）、AC/DC、皇后合唱團（Queen）等等。我把每首歌的歌詞、和弦轉換、鼓點節奏，甚至樂團每個成員的事蹟都背得滾瓜爛熟。房間貼滿了海報，只穿樂團T恤，上課時在筆記本裡塗鴉樂團標誌，露宿排隊購買演唱會的門票，而且還尷尬地把AOL的帳號取名為rockstarwannabe（搖滾追夢人），每週泡在不限齡的搖滾俱樂部Flint Local 432、湊錢買二手的鼓組和吉他，甚至幾度想為搖滾賭上人生。每晚我都夢想著到世界各地巡演，和搖滾巨星廝混，沉浸在理想人生中。畢竟，我最愛的電影是《成名在望》（*Almost Famous*）。

除了音樂以外，我從來沒考慮過其他「專業」領域。但問題是，我在這行根本毫無人脈（密西根又不是娛樂重鎮），所以我想成為下一個傳奇音樂製作人瑞克・魯賓（Rick Rubin），簡直是痴人說夢。於是，我開始關注那些已經成功的人。我窩在圖書館裡好幾個鐘頭，翻讀一本又一本的傳記。很多已經實現我夢想的人，起步時的處境比我還糟。既然他們能做到，我也可以，儘管眼前面臨幾個巨大障礙：一、我在音樂界毫無人脈；二、每個人都說我不切實際，異想天開；三、我住在一個不適合實現這個夢想的地方。

為了實現搖滾夢，我幾乎做遍了你能想到的所有「敲門磚」工作：我發過數千張傳單、在電台跑腿買咖啡、開著貨車去無數的無名小鎮兜售樂隊的周邊商品、在露天劇場當「安檢人員」（說白了，就是在門口沒收死之華樂團〔Grateful Dead〕粉絲的水煙斗），還因為去那些髒兮兮的俱樂部或Warped Tour等音樂節撿永遠清不完的垃圾，而錯過畢業舞會和返校節，只為了賺取區區5美元的時薪。

我知道通往音樂圈的路不在傳統的教室裡，於是鑽了高中制度的漏洞：只要校外打工的時數夠多，就能提前一年畢業。我爸媽當然不希望我整天閒晃抽大麻（他們要煩心的事情已經夠多了），所以我去社區大學註冊。但不是真的去上課，而是假裝去上學，實際上是泡在圖書館裡，閱讀樂團的自傳。18歲生日當天，我「輟學」了（從沒上過課也算輟學嗎？）開始在兩份最低薪資的工作上，投入更多的時間：一份是在當地的演唱會場兼NBA球場打雜，另一份是在購物中心打工。反正我本來就沒有打算上正規大學，學生時代最大的成就，是為了必勝客的「BOOK IT!」活動讀書（按：凡是達到閱讀目標的小朋友，就可以獲得一張披薩兑換券），換得了一份免費的臘腸披薩。

這就是我的另類求學之路，也為我想要的那些經歷打下了基礎。

某天，奇蹟發生了。我正在商場的唱片行入口補貨，擺上阿姆（Eminem）的最新專輯，忽然注意到一個拿著黑莓機（當時是高檔貨）的人，正在清點專輯數量。難道我的機會來了嗎？**太棒了**！那個人確實是全球最大唱片公司的業務代表，他正在巡視新專輯發行首週，各地唱片行的銷售狀況。

我立刻拋下手邊的所有工作，死纏爛打地央求那位可憐的老兄告訴我，唱片公司裡負責雇用實習生的人是誰。最後他實在受不了，只好給我一個公司的通用電郵信箱，以免我繼續纏著他。

我不斷發郵件去轟炸那個信箱，直到他們終於寄給我一份申請表。接著，我在履歷上耍了個小心機：謊報。這招我15歲就用過了，當時我虛報年齡，以便為本地的《夫林特報》（*The Flint Journal*）寫專輯的樂評（每篇15美元！）當然，我不是建議你把社區大學讀一學期，寫成攻讀「哈佛博士」，但這種青少年小謊似乎無傷大雅，也確實讓我更貼近夢想。

具體來說，我謊稱我正在上大學，這樣就有資格申請環球音樂集團底特律辦公室的無薪實習。為了圓這個謊，我還用微軟的小畫家偽造了一封當地大學的證明信，以便得到這份不支薪的「工作」。要是相關單位看到這段文字，我保證會把我這次造假而該賺、卻沒賺到的錢，全數奉還。

這種無薪的實習生活簡直窮到了絕境，我只好偷拿辦公室的衛生紙回家用、在朋友家的沙發縫裡翻找零錢、在公司會議提供的外燴中，多吃幾份Chipotle的墨西哥捲餅、偶爾還會「剛好忘了」帶錢包，等著好心的同事請我吃午餐。沒收入根本租不起房，我只能睡汽車後座，或輪流到十三個朋友家打地鋪。有次借睡朋友家的沙發較久，1月份又碰巧被切斷暖氣，於是我們湊了20美元買小暖爐，整個寒冬就擠在暖爐旁邊打地鋪。

後來，我的努力終於有了回報。唱片公司錄用我在收發室工作，**年薪2萬美元**。沒騙我吧！2萬美元耶！《MTV探尋豪宅》（*MTV Cribs*）節目，我來啦！先別急著嘲笑19歲的我，別忘了，比起零收入，年薪2萬美元已經謝天謝地了。更何況那份收發室的工作有上百人搶著應徵，我感覺就像中了樂透。當時我簡直樂歪了，至今仍清楚記得我得知錄取的那一刻：欣喜若狂，我他媽真的辦到了！

✦ ✦ ✦

什麼事能讓**你**如此振奮？你渴望成為什麼樣的人？你願意付出多少努力、做出多少犧牲來實現夢想？

坦白說，我早期做的那些事，多半都不會出現在我的「人生尋寶圖」上。如果生命只剩一年，我還會去俱樂部撿垃圾、在冰天雪地裡到處貼傳單嗎？當然不會。但當時我確實一心想要進入音樂圈，而這世上又沒有讓我實現願望的神燈。這些經歷之所以重要，是因為它們讓我一步步地靠近了長遠的夢想。

「人生尋寶圖」練習確實是強而有力的方式，能激發迫切感，並幫你釐清什麼才是真正重要的，但它缺少了長遠的視角。畢竟，如果生命只剩一年、一個月、甚至一天，你根本沒有時間去打造職涯或成家立業。因此，雖然「每一天都可能是最後一天」這句話沒錯，而且你確實不該把夢想推遲到「改天」，但我們不是要你**真的**過著「明天就要死」的生活。如果你那樣做，永遠不會為未來投資什麼。

這些長期規劃，往往才是人生中最充實、最有影響力的事情。你絕對不會想把它們排除在人生藍圖之外。你需要同時兼顧兩種目標：迫在眉睫的當務之急，以及需要多年耕耘的遠大志向。大家往往高估了一年能完成的事情，卻低估了十年能達成的成就。

那麼，回到我們當下該問的關鍵問題：你想為自己打造什麼樣的人生？什麼是指引你人生方向的羅盤？

我從小就鎖定了一個方向，但很多人並非如此。如果你在童年或青少年時期沒有特別熱衷的事情，很可能會順著當時看起來穩妥或有趣的路走，或是聽從別人的建議去選擇人生方向。你可能在過程中培養出熱情，但也可能沒有。3、40歲、甚至更年長的人，依然不清楚人生方向的，其實相當常見。

如果你是這樣，不妨花點時間尋找你的人生羅盤。前面提過，時間寶貴，與其漫無目的地虛度光陰，不如把握時光，打造你真正嚮往的生活，或成為你想要的模樣。最後一點很重要，那必須是你真正想要的，而不是別人對你的期望，無論你多愛或多麼敬重那個人。這是你的人生，不是他們的，而你只有一次機會。

尋找方向時，「人生尋寶圖」是不錯的起點。上面是否有任何明確的主題浮現？例如，我17歲時繪製的尋寶圖上可能會寫：去看最愛藝人的演出、參加音樂節、精通吉他與鼓、環遊世界、住在洛杉磯或紐約這樣的大城市。顯然，我對娛樂業的狂熱有跡可循。

你能從「人生尋寶圖」中，看到羅盤的跡象嗎？或許上面有很多與自然、旅行、家庭、運動、藝術或美食相關的體驗，或其他共同的主題。如果是這樣，你應該認真考慮把人生轉向那個方向。假如你想在生命的最後一年親近大自然，但目前你是在辦公隔間裡上班，住在都市的水泥叢林裡，那就需要改變（這個例子在我後來的生活中變得異常清晰）。

另一個尋找羅盤（亦即人生方向）的方法，是留意你的白日夢。研究顯示，我們有30%至50%的時間是在做白日夢。[1] 雖然這個數字很驚人（那等於清醒時間的一半！）但這些白日夢往往能揭露你內心**真正的**渴望。下次當你思緒神遊時，不妨把腦海中的畫面記下來。持續記錄幾天或幾週後，你可能會發現某些主題浮現。

若這些練習仍無法給你明顯的線索，我們強烈建議你更深入尋找你的人生羅盤。市面上有許多書專門探討這個主題[2,3,4]，在此就不贅述了。現在你只須明白：熱情需要方向。若不知該往哪裡去，再強烈的迫切感，也無法帶給你有意義的人生。

如果你已經找到人生方向，那太棒了！請用醒目的大字寫在「人生尋寶圖」的頂端。

要是還沒找到，也別焦慮。你不需要立刻停下一切，非得在**今天**搞清楚不可，這種事強求不來。這是一種發現的過程，所以持續探索就好。自問「為什麼選擇現在的生活？」注意你對哪些事物感到好奇與渴望。只要留心觀察，久而久之，方向會逐漸清晰。

完善你的尋寶圖，讓夢想加速成真

找到人生方向後，讓我們回頭來看你的「人生尋寶圖」。前面提過，這是釐清渴望的絕佳起點，但還不夠完整。現在我們把它變成一個完整的願景。

首先，為你剛確立的長期目標增添相關的活動。比方說，如果你想當電影導演，就該把「讀電影學院」、「結識志同道合的夥伴」列進去。假如你想尋找真愛、一起成家，就得先釐清你長遠追求的伴侶特質，用心去結識符合條件的人，並參與這種人會出現的社交場合。

現在，仔細檢視「人生尋寶圖」上的每個項目，反思自己的核心信念：這真的是**你**想要的嗎？這份渴望是發自內心深處嗎，還是來自家人、朋友、社群媒體、社會期待或其他的外在影響？要特別當心，根據《和自己說好，生命裡只留下不後悔的選擇》（*The Top Five Regrets of the Dying*）所述，人們臨終時的最大遺憾是：「但願我有勇氣過自己想要的人生，而非別人期待的人生。」[5] 這是你的人生，別被其他人綁架了。

接下來是個稍微複雜的問題：這些經歷如何豐富你的人生閱歷？究竟什麼能讓一段經歷具有意義？為了幫你回答這個問題，我們找出五個關鍵因素。請針對你尋寶圖上的每個項目，問以下五個問題：

1. **這能滋養你的身心嗎？**活動身體、吃得健康、抒解壓力……想要活得充實，就得先照顧好自己，這本身就是一種珍貴的體驗。
2. **這能培養重要的關係嗎？**與摯愛共度時光、結識新朋友、融入團隊……這些經歷能培養讓人成長茁壯所需的強大社會連結。

3. **這能促使你成長嗎**？探索、發現、挑戰、學習、練習……有時可能很辛苦，但這正是價值所在。
4. **這能帶給你快樂嗎**？玩耍、娛樂、刺激、平靜、驚喜、玩鬧、歡笑……能為生活增添這些樂趣的事情，都值得保留。
5. **這能造福他人嗎**？付出時間、精力、金錢去幫助需要的人……到頭來，這些將成為你留下的生命印記。

你清單上的每個項目，至少要符合其中一項標準。若連一項都沒有，就直接剔除。這表示它為你增添的價值不夠高，不值得優先追求。

理想情況下，你那張「人生尋寶圖」應該要涵蓋這五個問題的價值。每個問題都涉及充實、有意義人生的關鍵要素。雖然不需要完美平衡這五者，但完全忽略其中任一項，都不是明智之舉。

現在不必急著解決這個問題。稍後我們會深入探討這些主題的重要性，並教你如何把它們融入生活中。

我所想像的未來

我的白日夢在工作中一一實現了。除了貼郵票、寄包裹這些例行公事以外，我還得在書店裡充當史汀（Sting）的「保全人員」，面對擠爆現場的狂熱熟女粉絲；帶蕾哈娜去TGI Fridays用餐；幫某位形象清新的創作歌手（基於隱私姑隱其名）尋找毒品；看著流行龐克樂團物色陪睡粉絲（同樣姑隱其名）；為唱片公司打造第一個Myspace頁面；替饒舌歌手LL Cool J做生日蛋糕；說服底特律的脫衣舞俱樂部，播放九寸釘樂團（Nine Inch Nails）的新單曲；目睹鋼豹合唱團（Steel Panther）在會議室裡對著我們執行長的頭，模擬性愛動作（俗稱空幹）；因肯爺來訪時特別喧鬧，而收到辦公室驅逐通知。當音樂頻道VH1邀請我去擔任空氣吉他大賽的評審時，我想那大概是我的職涯巔峰了。

然後，就在我21歲那年，老闆把我叫進辦公室，說出許多人最怕聽到的話：「我們不得不裁掉妳，這間分公司要關了。」正當我以為生活終於能穩定下來時，我失業了，簡直是晴天霹靂，一切歸零。當時我覺得人生和夢想全都完了。

殊不知，那其實是我生命中最棒的轉機，只是當時的我還不知道。

我靠著微薄的失業救濟金撐了六個月，並學會寫基礎的程式及網頁設計。後來，我在不同但更「穩定」的行業裡，找到了不錯的工作機會。雖然那時我窮到一週有好幾晚餓著肚子睡覺，我還是覺得接受那份工作不太對勁。想到自己放棄音樂生涯，轉而選擇比較「輕鬆」又「安全」的人生，那畫面簡直像夢想的墳場。我看見自己拖著腳步走進辦公室，身邊都是不對盤的同事，大家穿著套裝，而非皮衣，每天處理Excel表格，賣著自己都不相信的產品。我看見自己勉強接受我曾經發誓要逃離的生活，讓夢想向現實低頭。這**不是**我想要的人生。於是，我冒了很大的風險，婉拒了那份工作。身旁的所有人都嚇壞了。

就在失業救濟金用完的那週，我接到加州伯班克市（Burbank）的華納音樂集團打來的電話，那通電話來得正是時候。之前我應徵的職位，正好能用上我新學的設計技能。「年薪最多只能給2萬7,000美元。」他們說，「但保證有吃喝不完的免費餐飲，還能參加各種演唱會和酷炫活動。」於是，我就像無數的追夢人一樣，做了人生最重要的決定：直奔好萊塢。花光最後的100美元，買了張精神航空（Spirit Airlines）的單程機票（中途停兩站、座位擠在中間），就此告別熟悉的一切，奔向童年嚮往的遙遠夢想之地。

雖然這點薪水在洛杉磯根本不夠用，但我的直覺做出了正確的選擇。為了支付聖費南多谷（San Fernando Valley）一棟發霉破舊屋子的租金，我不得不和四個在Craigslist上找來的室友合住，但童年的夢想確實實現了。在全球的創意娛樂之都，我能近距離地與偶像共事，還能享受每年近三百天的晴天。我再也不用拿CD殼刮擋風玻璃上的結冰了！接下來的五年，我跑遍全美，參加了數千場演出和音樂節。每晚泡在小時候在書上看過的那些傳奇場地，比方說：Troubadour音樂俱樂部、Whisky a Go Go夜總會、好萊塢露天劇場（Hollywood Bowl）。而且還見到了米克·傑格（Mick Jagger）、尼爾·楊（Neil Young）、U2樂團、The Who樂團等傳奇人物，更親眼見證泰勒絲、德雷克（Drake）、傑克·強森（Jack Johnson）、小賈斯汀、The Killers樂團、Lady Gaga、艾美·懷絲（Amy Winehouse）、威肯（The Weeknd）等藝人的崛起。

追隨熱情還帶來了意外的收穫：這輩子我第一次感覺到，周遭都是激勵我、帶給我活力，讓我有歸屬感的人。我的朋友都是可愛的音樂痴，他們會和我一起窩在小酒吧或圍坐在營火邊，熱烈討論OK Computer樂團的專輯製作細節；用緞帶自製手環以混進Coachella音樂節的貴賓區；或是甘願在戶外苦等一整天，只為了擠進僅能容納百人的Foo Fighters樂團的祕密表演。我擔任高層主管的助理，他刷公司的信用卡帶我體驗了大城市的生活。我得以跟隨他們去高級餐廳、參加電影首映和好萊塢山莊的派對。如果我留在舒適圈裡，連做夢也不敢想到這些。

我依然很窮。

但此刻卻覺得萬事皆有可能。

✦ ✦ ✦

我原本可以聽從眾人的建議，在老家找一份安穩的企業工作，我差點就這麼做了。正是那個想像中「誤入歧途」的未來恐怖畫面，阻止了我向現實妥協，給了我往真心渴望的方向冒險一搏的勇氣。

「想像」不會讓事情神奇地實現，但它仍是強大的工具。面對艱難的抉擇時，它能幫你釐清方向，激勵你去做那些困難、但為了實現目標必須完成的事情。它甚至可以打破你對自我能力的限制。也許你一直覺得你無法攀登峭壁、出版書籍或種下百萬棵樹，但越是具體地想像這些畫面，就會覺得越有可能實現。

透過這種方式，「想像」能幫你定義及實現理想的人生。幸好，任何人都能隨時隨地做這種想像。想像技巧的核心在於，創造清晰的大腦圖像。這幅圖像可以激勵你、釐清決定、抒解焦慮、提升專注。某種程度上，大腦其實分不清現實與想像。研究顯示，人們實際做某項活動時的大腦掃描圖，和單純想像該活動時的腦部掃描結果，幾乎一模一樣。[6]

由於想像能真切地影響你的思維與感受，你應該想像你想要的未來，尤其那個未來看似遙不可及的時候。當你詳細地在腦海中勾勒畫面時，實質上就拉近了你與夢想的距離。

話又說回來，若只停留在空想而不行動，再美好的幻想也是徒勞。一方面，想像想要的東西，能讓你保持專注與清晰思緒，並刺激大腦分泌多巴胺。可是另一方面，這種愉悅感可能讓你感到飄飄然，誤以為「光想就夠了」，但顯然不是如此。

所以，別只是幻想最終目標，更要想像達到那裡的過程，包括可能遭遇的阻礙與失敗。就像我被裁員後，想像我接受那份乏味工作時那樣，試著思考你不採取行動朝著夢想前進，會發生什麼。這種「負面想像」和想像成功一樣重要。事實上，研究顯示，想像失敗或不行動的後果，可使達成目標的機率增加一倍。[7]

本章最後，我們將實際演練，帶你一步步想像「人生尋寶圖」上的遠大目標。

別怕夢想轉彎，走過的每一步都算數

隨著歲月流逝，我逐漸明白人生的優先順序會隨著年齡而變。我原本以為我會一輩子待在音樂產業，但歷經五年白天困在辦公隔間裡，開著永無止境的會議，夜晚又得周旋於充斥著性愛、毒品、搖滾樂的好萊塢夜店生活後，我終於明白這種日子不可能持續一輩子。我領悟到當下的我不會永遠如此，內心開始渴望探索世界，體驗娛樂圈以外的文化與商業模式，並開始思考如何賺足夠的收入，來取代那份微薄的薪水。

某天，在辦公室裡，我偶然看到一支爆紅的YouTube影片。主角是29歲的史瓏（Sloane），她靠著特殊的助聽器，生平第一次聽見聲音。那畫面充滿純粹的喜悅與感動，讓網友瘋狂轉發，最後甚至紅到讓她登上《艾倫秀》。

史瓏的經歷震撼人心。數百萬觀眾都看得出來，這改變了她的一生……但影響不止於此。

這段影片讓我開始思考，若是失去聽覺，我的人生會有多麼不同？我因為熱愛音樂，才在這個羅盤的指引下，踏入現在的人生道路。這給了我一個想法。

我把那支影片傳給當時在瓜地馬拉協助建校的喬，他是我唯一認識投身慈善的人。在認識喬以前，我一直以為慈善是超級精英的專利，只有那些穿著黑色燕尾服，花上萬美元買餐會席位的人能參與。但我們兩個都不是那樣的人。所以我和喬相遇時，兩人一見如故，感覺像家人一樣投緣，或許部分原因在於我們都出身平凡。我們都不甘被出身背景限制，更有一股無法忽視的使命感，想要幫助那些生活困苦的人。

喬看了影片並聆聽了我的想法：創立一個銷售耳機與擴音喇叭的品牌，將收益用來為聽障人士提供助聽器，就像影片中那樣。這將是全球首家公益電子產品公司。他當場就答應加入，我也隨即遞出辭呈，提領全部積蓄——我在環球音樂集團的401k退休帳戶，居然只有區區5,000美元（由此可見，跟巨星共事，不代表你也能擁有巨星級的存款。）

我們擊掌慶祝後，就跳上飛往中國的班機。沒有商業計畫、不懂電子產業的運作，只為了替我們新創的社會企業LSTN（念作listen）採購產品。我們在我的公寓廚房裡堆滿了能買到的庫存，用麥可手工藝店（Michael's）的盒子自製耳機包裝，並拼湊了一個網站，然後就拼命工作。工作之餘，只能虔誠地祈禱。

短短四年後，我們就以30億美元，把這家公司賣給了蘋果公司！

開玩笑的！我們又不是創立Beats的Dr. Dre。這不是什麼靠著賣耳機暴富的故事，不過**確實是**另一種形式的「白手起家」。

就在看到史瓏那支影片約莫一年後，我和喬站在祕魯皮烏拉（Piura）的一間體育館裡，面前坐著一位名叫瑪麗亞的小女孩。

那天，數百名聽障者從祕魯各地長途跋涉而來，齊聚於此。瑪麗亞和他們一樣，懷抱著生平第一次聽見聲音的希望。這是我們首次以志工身分，參與我們新公司的公益夥伴「斯達克聽力基金會」（Starkey Hearing Foundation）的活動。我們特別興奮，因為我們這一站是最後一步，負責裝配及測試助聽器。瑪麗亞緊張地坐在我們面前的塑膠椅上，眼中交織著不安與期待。我負責為她安裝助聽器，輕輕地把助聽器戴進她的雙耳。

接下來發生的事，是人生中那種情感滿溢、難以承載的時刻，無論如何都無法用平面文字完全捕捉其中的感動。

瑪麗亞睜大了雙眼，臉上露出純粹的驚喜。她驚喜的表情說明了一切：她聽得見了。

她的父母喜極而泣，如釋重負地癱坐在地。我們也深受感動，跟著落淚。

這個起初看似遙不可及的夢想，此刻卻成為我們見過最接近奇蹟的事情。

這一切之所以能實現，是因為我願意讓夢想隨著時間演化與成長。

就像我的願景一樣，你的願景也不是一成不變。它會隨著年齡增長、發現新事物、結識新朋友而改變，這是再正常不過的變化了。在追求同一件事多年、甚至數十年後，你可能會發現，你已經從中獲得所有能得到的東西，或它其實不如預期，又或者它不再像以前那樣令你熱血沸騰。

你需要隨時注意那些感受。改變方向或許冒險，但更大的風險是，明明感覺不對，卻依然固守著某個職業、事業或感情。遺憾的是，大家**經常**如此。很多人被「金手銬」困住，用多年的痛苦換取優渥的福利，但不見得能活到享福那天；或是回顧自己已經投入的所有時間和精力，不甘心一切就此「白費」；又或者對開創新局感到力不從心。

人之所以害怕改變，是因為想像「可能失去什麼」，比設想「可能得到什麼」來得容易。但他們往往沒算到機會成本：若堅持走現在的路，將錯失多少年的快樂、成就感與成長。親身經歷告訴我：就算做熱愛的事情遇到最糟的一天，也勝過做厭惡的事情遇到最棒的一天。

所以，不要害怕讓你的願景跟著時間演變。改變方向不表示過去的努力全都白費了，那些經歷塑造了現在的你，把你帶到此時此刻。它們永遠是你人生故事的一部分，未來也將持續影響你。你會慶幸自己曾經做過那些事情，即使你後來選擇不同的路，也絕對不會後悔當初做過它們。

所謂命運，大多是自己的選擇

先說重點：創立並經營我們心愛的社會企業，是一段既瘋狂又艱辛的歷程，充滿了令人心碎的挫敗，也有重大的勝利。正因為我們清楚知道目標是什麼，才能挺過這場有如雲霄飛車的歷程。

後來，亞馬遜、Spotify、臉書等巨擘開始認同我們的公益理念，我們的名氣一飛沖天。我們拍了Google和達美航空（Delta Air Lines）的廣告，接受《今日秀》（*Today Show*）、《早安美國》（*Good Morning America*）、《紐約時報》的專訪，收到來自美國總統和金．卡戴珊的粉絲信，還在QVC電視購物頻道開了自己的節目。甚至有人把我們的產品圖案刺青在身上（千真萬確，雖然品味有待商榷）。這感覺就像，前半生我一直在追逐夢想，現在變成夢想追著我跑。

當我同時登上《富比士》和《Inc.》雜誌的「30位30歲以下精英」的榜單時，我簡直難以置信。我根本不配入選，除非他們指的是「30位存款不到30美元的人」。各路舊識紛紛聯繫我，有人說：「哇！看來妳混得很棒！」當然也有人說：「嗨，雖然高中後我們就沒聯絡了，但可以借點錢嗎？」不行！我到現在連加油以前，都還得先確認帳戶餘額。就像許多的創業者一樣，我們都很清楚，帳面估值和實際存款根本天差地遠，差距至少有數千萬美元。我們勉強餬口，但樂在其中，捐給公益夥伴的金額遠遠超過付給自己的薪水。我們始終沒有成為業界龍頭，沒募到大量資金，也沒被全球企業收購。

但這從來就不是我們的願景，後來的烏干達之行也提醒了我們當初踏入這個領域的初心。那天，我們在戰火蹂躪的古魯市（Gulu），來到羅絲瑪莉修女（Sister Rosemary）創辦的女子學校（這所學校徹底改變了當地女孩的命運），那是我們在當地投入慈善工作的第九天，每天都從清晨6點忙到深夜11點。

在炙熱的烈日下，我和喬坐在滿是灰塵的塑膠椅上，與斯達克科技公司的創辦人比爾．奧斯汀（Bill Austin）一起吃著粗茶淡飯。奧斯汀是白手起家的億萬富豪，那年我28歲，他73歲，卻整天幹勁十足地帶著我們東奔西跑。那天的情況特別令人辛酸，就診的孩子大多不滿8歲，卻已歷經約瑟夫．科尼（Joseph Kony）帶領的「聖靈抵抗軍」（Lord's Resistance Army）的恐怖暴行。他們有的失去肢體，有的目睹家人遇害，童年就此支離破碎，現場氣氛沉重。

在那之前，我頂多在電視上看過類似的場景，但完全沒準備好在現實生活中面對這一切。眼前的衝擊遠遠超乎想像，令我心碎，身心俱疲。在一個內心特別軟弱的時刻，我忍不住問奧斯汀：以他的身價，明明可以隨心所欲地過日子，為什麼偏要跑到窮鄉僻壤來助人？何不去波拉波拉島（Bora Bora），在碧海邊的茅草屋下享受按摩、啜飲雞尾酒，悠閒地過幾個月？

他的回答讓我終生難忘：「**你永遠可以賺更多錢，但永遠無法得到更多的時間。**」他解釋他正在和時間賽跑，希望能改變更多人的命運，順便親眼目睹世上多數人永遠不會看到的角落。這就是他的人生羅盤。他以這個使命來填滿餘生的時間，因此活出他理想中的自我。

這番話更加堅定了我們追隨夢想的動機。我們回應道，雖然我們可能永遠無法像他那樣累積大量的財富，但我們認為自己已是「體驗富翁」。他被這番玩笑話逗笑了，說我們還得加把勁。我們的疲憊頓時化成了動力，此後六年，我們跟隨奧斯汀和斯達克聽力基金會走遍全球，幫助5萬多人重獲聽力。看到孩子第一次聽見音樂、雨聲或「我愛你」時，眼睛瞬間發亮的樣子，這份感動徹底改變了我的人生和世界觀，用任何言語都難以形容。

行動指南

想像你的未來

1. 再看一次你的「人生尋寶圖」。根據本章的內容，你是否看到明顯的遺漏？需要增補或調整什麼嗎？如果你還沒看出來，在頂端寫下一兩個描述你人生羅盤的詞，像是「家庭」、「旅行」、「戶外探險」、「尋求平靜」或「新技能」。每當你覺得自己偏離正軌時，就回想這個人生羅盤。

2. 把焦點放在「人生尋寶圖」上的最遠大夢想，然後閉上眼睛，盡量以最詳盡的方式想像它。例如，假設你想創業，那是開餐廳、服飾店，還是設計公司？想像你在裡面工作的場景。最佳地點在哪裡？你能想像自己在那種生活中醒來的一天嗎？你的日程怎麼安排？周遭的景色、聲音、氣味、觸感、味道是什麼樣子？當下是什麼情緒？

3. 然後，想像你不採取行動追求理想生活，會發生什麼？你將困在現狀中，依然渴望那個夢想，而且情況會更糟，因為你知道原本可能擁有的感受。想像你持續放棄夢想，到了晚年可能陷入的最糟狀況。以你剛剛想像夢想生活的詳細程度，來想像那種晚年生活的一天怎麼過。

4. 將你想像的畫面寫下來。每當你不再專注於那個夢想時，就重讀這些文字，再次好好地想像它。

5.（參考用，非必要）如果你對實現目標毫無頭緒，不妨向過來人學習。你想攀登非洲最高峰吉力馬札羅山（Kilimanjaro），卻不認識做過這件事的人嗎？你渴望在你的社區內創辦非營利組織，但不認識任何在慈善機構工作的人嗎？現在就上YouTube或翻閱書籍去找導師吧！研究過來人的經驗、記錄他們的成功方法，甚至主動聯繫他們，你會很驚訝地發現，大家有多麼樂於助你實現夢想。

注：請上 ExperientialBillionaire.com 去下載或列印這個練習的延伸版本，以及免費的人生體驗指南。

PART
II

踏上尋寶之旅

Uncover The Path

第 3 章

爲自己的人生徹底負責

「最強大的人，是能完全掌控自己的人。」

——塞內卡（Seneca）

喬：

「抱歉，你被退學了。」

那是開學兩週後的9月某天，早上9點15分，其他同學正在上第一堂課。而我卻是那天才第一次到校辦理高三的註冊手續，整整遲了兩週。

輔導老師講得很白：這條路已經行不通了。她盯著我看了好一會兒，眼神與其說是擔心，不如說是憐憫或是無奈。接著，她突然起身，把我送出辦公室，讓我回家。

那時我爸還沒動心臟移植手術。我完全不知道我的行為可能帶來的後果，而爸媽也完全沒察覺我的墮落。當時我已練就了一身推卸責任的好本領，為我層出不窮的荒唐行徑找了一堆開脫的藉口。這些藉口都很好用，因為我正深陷足以毀掉人生的毒癮。

我最初接觸毒品時，只是微量嘗試，看似無害。但短短幾年間，我就從躲在校園角落和朋友一起抽大麻，發展成半夜3點偷開父母的車去毒窟，把我媽的結婚戒指以50美元的賤價，賣給一個叫「獨臂賴瑞」的人以換取白粉（古柯鹼）。我真希望這段往事從未發生。不過，這個故事要說的不是毒品，而是藉口——一項我已然爐火純青的技藝。

我以為藉口能讓我逃避一切。確實，在那之前一直是如此。但實際上，那些藉口只讓我累積了龐大的「人生債務」，終有一天要償還的。而那一天，終於來了。走在回家的路上，我絞盡腦汁也想不出任何藉口，來逃避我被退學的事實。

看到這裡，你可能很納悶：「你父母人呢？怎麼會讓情況惡化到這種地步才發現？」他們一直很努力，真的盡力了。但就像我們社區的很多家長一樣，他們整天忙於工作，只能把我交給兩個不太負責的哥哥「看管」。在那個年代，至少在我成長的地方，這種情況再正常不過了，通常也不會出什麼問題，通常啦！

我永遠忘不了我說我被退學時，爸媽臉上希望破碎、徹底失望的表情。我媽當場淚崩，我爸則是沉默不語。他們拼命工作養家，我兩個哥哥都畢業獨立了。從小到大的**多數**時間，我的學業都不是問題，我一直都能帶著好成績回家。但一切從高二開始變調，我用偽造的成績單和其他謊言對父母隱瞞真相。在我心裡，我也用各種藉口來合理化這一切。

那一刻，我悟出了一個基本道理，那個認知後來引導我度過了許多人生的難關：藉口毫無意義。它們解決不了任何問題，只會讓我們偏離真正想要和需要的東西，逃避該負的責任，把爛攤子往後拖。

我原本以為，這條路會通往我和朋友夢想的未來，就像電視裡演的富豪生活那樣，充滿名車、奢華假期、高檔餐廳。但此刻我突然意識到，它只會把我帶往監獄、失業、勒戒所、健康問題、經濟不穩定的狀態。

我不想走上那條絕路。雖然我曾經以為當個叛逆分子很酷，但我從來沒想過那是在葬送我的人生。於是，我問自己一個棘手的問題，那可能也是我這輩子問過最難的問題：如果我不再找藉口，真正為我唯一的人生負責，那會發生什麼？我能從錯誤中振作，挽救我的未來嗎？

或許可以。光是這個「或許」，就值得我盡全力一試。

首先，我必須戒除毒癮。幸好，我得到了朋友、家人和專業人士的幫助。尤其是我媽，我害她度過無數個煎熬的夜晚，輾轉難眠。然而，她對我的支持和愛始終如一，毫無保留。這段路漫長又坎坷，但足以讓我重回正軌，甚至準備面對更大的挑戰：從高中畢業。

雖然遭到退學，不過我還能轉到進修學校就讀。在我們這裡，讀這種學校通常只有兩種結果：取得同等學歷證書，或輟學。但理論上，如果我能把高二和高三的課程擠在一年內修完，就能回到普通高中念高四，並與同學一起準時畢業。這很難嗎？那當然。但有可能嗎？或許有吧。

我全力以赴投入這項挑戰。以驚人的速度啃完所有的教科書，幾乎整年每天都在考試，沒缺過一天課。我不再找藉口，而是訂計畫、設目標。

結果出乎所有人的意料（包括我自己），這個方法奏效了。我回普通高中讀高四，最終順利畢業了。我向朋友、社區、父母，尤其是向我自己證明了一點：我能克服困境。只要不再找藉口，再難的事也能做到。我不會再躲在藉口後面，眼睜睜地看著人生就此毀滅。或許在別人眼中，我「不過」是從高中畢業而已，沒什麼了不起。但對我而言，那簡直像在耶魯大學當畢業生代表一樣光榮。

這個故事的啟示很簡單：你遠比你以為的，或偶爾願意承認的，更能掌控你自己的人生。沒錯，世上有很多事情不在你的掌控之中，但你永遠可以選擇如何應對。

多數時候，阻礙我們的是內在的心聲。我們編造「做不到」的藉口，把責任推給別人、經濟不景氣，甚至老天爺。反正怪東怪西，就是不怪自己。因為那比承認「其實做得到，只是**選擇**不做」來得容易。

更正一下：當下確實比較容易，但長遠來看，只會讓問題惡化，限制你的可能性。

高二那年，我選擇不讀書、不上課，還把這些選擇怪到所有人事物上，就是不怪自己。這麼做並沒有幫我逃避後果，你的藉口也一樣幫不了你。當你認清這點，就能停止等待與抱怨，開始為你唯一的寶貴人生徹底負起全責。如果你不負責，沒有人會替你負責。

那麼，你的藉口是什麼？以下是最常見的藉口：**我沒錢、沒時間、怕失敗、還沒空去做**……

聽起來很耳熟嗎？當然耳熟。我們在人生體驗調查中，訪問了全球2萬多人「為什麼沒完成想做的事」。這些正是最常見的答案。我們老是拿這些理由，來拖延真正渴望的人生。說穿了，這些都只是同一種病的不同變種：藉口病。

我們先來解決眼前最顯眼的兩大障礙：金錢和時間。該拋開這些藉口，清除這些路障了，因為它們只會阻礙你過真正想要的生活。本章的故事就是證明，而章末的練習會教你如何從找藉口，轉為為未來制定實際的計畫。請務必完成這些練習。獲得啟示固然可貴，但唯有行動才能讓你從「夢想豐富人生」變成「活出精彩人生」。

別讓「錢」限制了你的人生

27歲那年，我申請了個人破產。

我知道，你一定很訝異，我高中畢業後的生活竟然不是從此幸福快樂的童話。明明我已經學會了不再找藉口，父親的健康危機也讓我產生了迫切感，體悟要好好把握人生，但我還是犯了錯。那年，一連串的錯誤最終引爆了財務危機。

當時，我的工作是開車四處去做品管，檢查那些即將出口的巨型回收物料捆包。這份工作就像聽起來一樣美好。薪水高，工時彈性，但我是約聘人員，得自己報稅。我竟然糊塗到三年沒繳稅，直到發現這絕非長久之計才趕緊補救。

接著，我又做了一個愚蠢的決定，找了一個叫「刺青東尼」的傢伙，來幫我報稅（沒錯，他全身刺青）。我簽完所有的報稅表後，寄給國稅局，然後就把這件事忘了。現在回想起來，國稅局八成會特別關注補稅的人，或是找刺青東尼報稅的傢伙。真是千金難買早知道。

寄出報稅表約一年後，我收到查稅通知。雖然覺得很麻煩，但我心想我應該沒事，畢竟刺青東尼幫我報稅了，還能出什麼錯？原來國稅局起疑，是因為東尼在文件上犯了一些低級錯誤，但國稅局一查，就要追溯超過三年。我根本拿不出他們想要的證明文件。對國稅局來說，沒文件就等於沒這回事，結果就是吃下高額的稅單加罰款。

我原本或許還付得起那筆稅款，但偏偏在這個節骨眼，我跑去附近山區，玩了一趟24小時的滑雪之旅。結果汽車在結滿難以辨識的薄冰路面上，失控打滑，撞得稀爛。而且，出事的前兩天，我剛好忘了續保車險。這就像從我那座搖搖欲墜的財務高塔，抽走最後一塊積木，一切瞬間崩塌。

走投無路之下，我開始考慮「宣告破產」這條絕路。一旦申請破產，就得花十年才能恢復財務狀況與信用。整整**十年**縮衣節食、拼命工作來償還債務及重建信用分數。我去諮詢一位破產律師時，他冷靜地告訴我，申請費是2,500美元，這簡直是在傷口上撒鹽。不過，這確實有個好處：為我的脫口秀增添了絕佳的素材，「現在我得到處跟人說，我想破產，但破產不起啊。」

體驗可以是免費的

當時我窮到吃土，這原本是躺平的最佳藉口，但我早已領教過藉口的「妙用」了。

於是，我把心思全放在我能做主的事情上：每天天剛亮，就前往聖莫尼卡山（Santa Monica mountains）健行。工作空檔就回家，帶著我家那隻82公斤重、自以為是黃金獵犬的羅威納救援犬「科迪熊」（Kodi-bear），在好萊塢山莊綠樹成蔭的蜿蜒小道上玩滑板。每晚睡前寫日記，更一頭栽進了長篇寫作的世界。

我沒有讓缺錢成為停滯不前的藉口，沒有把人生按下暫停鍵，也沒有痴等哪天突然有足夠的錢再去實現夢想。而是用當下僅有的資源（或一無所有），做了所有能做的事情。

時至今日，這些仍是我生命中最寶貴的一些經歷。日出時健行不僅提振了一整天的精神（面對重建人生的艱鉅挑戰，這是不可或缺的能量），更讓我練就了好體態。滑板需要全神貫注，是極為療癒的靜心方式，而且在美景中與愛犬一起從事戶外活動，光有牠的陪伴就療癒人心。寫日記有宣洩情緒的效果，幫我梳理思緒。這些活動雖然沒有直接增加我的存款數字，但幫我強健了身心，讓我更能夠面對未來的挑戰。而且，我是真心樂在其中（至今仍是），因此養成這些好習慣絕對值得。

大家都知道，口袋空空絕對不是愉快的體驗。付不出帳單是一種特殊的壓力。金錢確實會影響到生活品質，有錢就能吃得好、讓孩子受教育、給車子加油、支付醫療費。換句話說，能解決人生的許多關鍵問題。

但話又說回來，金錢是**手段**，而非**意義**。財富對幸福感的影響微乎其微，追逐財富本身也不會帶來快樂。最重要的是，豐富的人生體驗不需要靠金錢來堆砌。我有一些最難忘、最珍貴的經歷，是發生在我一貧如洗的時候。

這麼說或許像在敷衍你，但別誤會，要是有人對我說：「何必去非洲草原獵遊？去動物園就夠了！」我大概也會想揍他一拳。我當然明白，那些花大錢的體驗往往最魔幻，你也該想辦法規劃及實現這種經歷。例如，我們在盧安達追蹤銀背山地大猩猩的行程並不便宜，我們花了很長的時間規劃及存錢，但那確實是畢生難忘的非凡體驗。

但這不表示你該從實現那些高價的夢想著手。過於好高騖遠，往往只會讓人癱在沙發上空等，虛度光陰，巴望著哪天奇蹟降臨、實現遙不可及的體驗。千萬別掉進那種陷阱，你真正該做的，是把握你能力範圍內的機會。而你積極探索眼前那些免費或負擔得起的體驗時，也可以同時規劃未來的豪華行程。關鍵在於不要只是痴等那些遠大的夢想，否則你可能錯失那些看似平凡、卻能堆砌成豐盛人生的日常點滴。正如王爾德所說的：「凡事都只在自己能力範圍內過活的人，是缺乏想像力的。」

舉例來說，進入美國任何國家公園的門票是多少？35美元。肯塔基州的波本小徑（Bourbon trail）之旅（按：肯塔基州釀酒協會為了振興波本威士忌產業而設計的旅遊路線）？20美元。麻州前往瑪莎葡萄園島（Martha's Vineyard）的渡輪？17美元。加州的蓋蒂中心（Getty Center）？15美元。內華達州的胡佛水壩（Hoover Dam）？10美元。世界各地數百間頂尖的博物館？只要付停車費。想為家人做一頓道地的印度料理？YouTube有免費教學。在各地健行？完全免費。只要發揮創意、從本地思考，你會發現許多不太需要花錢就能獲得的寶貴體驗。

體驗，也能賺錢

若金錢是你最大的藉口，這裡有個好消息：現在正是開創副業或小生意的最佳時機，而且這本身可能就是最寶貴的體驗之一。

只要你擁有或願意學習一項有價值的技能或資產，處處都是賺錢的機會。如今，協助你實現這點的平台也比以往更加豐富：你可以出租多餘的房間、車輛、工具設備，甚至停車位；你可以開設線上課程、進行一對一教學，或是自由接案發揮專長；你也可以上網開店，販售自創的商品或經銷他人的產品。

最棒的是，你可以從熱愛的事情中尋找賺錢的門道。這麼一來，既能賺取收入，又能和他人分享你喜愛的體驗，同時讓自己享受更多的樂趣。

這就是我破產後的做法。我繼續做品管工作，也在餐廳與酒吧兼差，但這樣還是不夠。於是，我自問：還有什麼事，是別人願意付錢請我做的？

想也知道，沒有人會找我諮詢理財建議（意外嗎？）但大家卻搶著問我健身祕訣。青少年時期我一直很瘦小，但高中畢業後，鄰居送我一套二手的家用健身器材，讓我增肌約9公斤，從此愛上了健身。那套家用健身器材跟著我搬了好幾次家。再加上那些健行、滑板運動，還有窮到只能吃鮪魚罐頭和烤馬鈴薯的日子，讓我練就了一身精實的體態。

所以，在破產谷底的我，硬湊出幾百美元去上認證課程，把車庫重新粉刷，鋪上橡膠墊，裝了一整牆的鏡子。然後放出消息，說我的收費比健身房便宜一些。結果不到半年，我光靠每天幾小時的教學，就讓年收入翻了一倍。

我不僅逐步擺脫財務困境，拿回時間掌控權，而且還是做我熱愛的事。

這份工作的價值不僅於此。沒錯，我變得更健康、更快樂，收入也增加了。不單單是這樣，接下來幾年，我從經營個人健身事業的過程中，學到更多商業知識，這些在日後都派上了用場。許多客戶成了終身好友，我的私人與專業人脈都拓展了，為我開啟了更多社交與職涯的機會。

錢不是重點

金錢本身並非萬能。累積人生閱歷的關鍵，不在於砸錢買體驗後，就指望人生變得更有意義，而在於轉變心態與優先順序，以在日常中發現有價值的體驗。當你的思考開始以體驗為重時，就會發現許多機會根本不需要花很多錢。

當你透過「豐富體驗」而非「物質財富」的視角來看人生時，你也是在訓練自己看清他人的真正價值。你不會把同事約翰看成「戴勞力士、開Lexus」的人，而是記得他是個會潛水、做壽司一流、會說三國語言，還曾在墨西哥的提華納（Tijuana）因為涉及馬匹和邊境巡邏隊的事情而被捕的奇人。你喜歡這樣的約翰，我們都喜歡這樣的約翰。相較之下，那個「戴勞力士、開Lexus」的約翰就顯得無趣極了。

重點是，你可以擁有勞力士和Lexus，但那些東西無法**定義**你是誰。你的經歷才定義了你。

但金錢也不是敵人。我們一開始就說過，這不是要你在「賺錢」和「累積寶貴人生體驗」之間二選一。我們都知道，錢越多，能體驗的東西也越多。但重點是，**只**顧賺錢是很糟的策略，它會讓你感到非常空虛。

可惜，很多人難以理解這個道理。美國人工作、賺錢及行為舉止上，表現得彷彿只要變得更富有就一定會更幸福，而且沒有上限。這就好像是一種心理缺陷。金錢本身不該是終極目標。請謹記這點，否則你可能窮盡一生追逐鈔票，卻忘了生活。所以，別再拿沒錢當藉口，從你負擔得起的體驗開始著手，同時為你真正渴望的更大體驗存錢吧。

逮捕「時間小偷」，奪回你最珍貴的時間

現在來談談最常見的藉口：「我沒時間。」

想像你每天醒來，銀行帳戶就會存入1,440美元。你可以隨意花用，但有個條件：沒花完的錢不會留到明天，而是被別人或某事偷走，永遠消失。隔天你又會拿到另一筆1,440美元，如此日復一日，但每天結束時，帳戶餘額都會歸零，重新開始。

如果這是真的，你肯定會想盡辦法把這1,440美元花光，

對吧？你會發揮創意，尋找投資標的，讓財富累積而非憑空消失。

時間就是這樣運作的。每天你我都擁有相同的1,440分鐘，時間是最公平的資源：每個人每天的預算都一樣。但如果你不主動規劃你的時間運用，別人或別的事情就會替你決定。浪費今天，它就永遠消失了。你花兩週做不想做的事情，這兩週就從你的人生中被永久偷走了。而且，時間是無法退還的。

時間確實是我們最寶貴的自然資源，但我們卻沒有認真看待它。事實上，多數人根本搞不清楚時間去哪了、為何消失，所以才會從早到晚瞎忙，卻不知怎的沒有做任何真正想做的事情。萬一我們誤以為時間永遠用不完，就永遠無法實現夢想與目標。

時間是一種弔詭的存在。家有幼兒的父母常說：「日子很漫長，但歲月轉眼即逝。」這正是人生的真實寫照。

如果你完成本章的練習，我們保證你會發現，你**確實**有時間追求想要的體驗。但若對照你的「死亡提醒表」，你同樣會發現，你擁有的時間比想像的還短。

想像一個沙漏，每粒沙子代表你生命中的一天。那粒沙子落下以前，蘊含著無數潛在的豐富體驗。但一旦它穿過沙漏的頸部往下滑落，就再也回不去了。時間一旦消耗，就此永遠消失。

所以，確保你以**自己**想要的方式來運用時間。你可以把閒暇時光投入你真心重視的活動（那些你主動選擇、真正想做的事情），也可以放任它被偷走或浪費掉。現在來盤點最常竊取我們時間的三大元凶：科技、人際關係，還有工作。

凶手1號：科技

除非你住在山洞裡，否則應該很清楚：科技雖然帶來諸多好處，但它同時也是超級時間小偷。我們24小時都離不開它，問題是這些設計精巧的工具，**不管我們願不願意**，都會用各種方法來吸引及霸占我們的注意力。統計顯示，一般工作者平均每11分鐘就會被打斷一次，每天切換任務300多次，還得花三分之一的時間從分心狀態回神。[1] 在這個注意力稀缺的時代，專注力是一種超能力。

電郵、簡訊、社群媒體、遊戲、新聞、電視等等，全都虎視眈眈地等著吸引你，吞噬你的時間。東浪費幾分鐘、西虛擲幾分鐘，看似沒什麼，但只要看看你的螢幕使用時間，就會明白積少成多的可怕。86%的人起床一小時內就會滑手機，更糟的是，螢幕還會扭曲時間感，讓人生彷彿加速流逝。[2] 我們絕對不需要這種「特效」。

說實話，要完全戒除科技已經不可能了，這是大勢所趨，無法逆轉。科技已經變成我們獲取資訊的食堂，但這不表示我們放棄了選擇資訊**攝取內容**的權利。我們仍然可以掌控自己吸收的內容，以及花多少時間吸收。

關鍵在於區分「主動使用科技」和「陷入科技漩渦」的差別。有些對話和內容確實可為人生增添很大的價值，例如和家人分享照片、與潛在客戶溝通、研究重要課題，甚至被搞笑的抖音短片逗得哈哈大笑。但若不留神，這些裝置就會變成超級時間黑洞，有時甚至會傷害你。

這些都是可改變的習慣。這裡我以看電視為例，但滑手機、打電動等科技癮也是同樣的道理。我從小就很愛看電視，搬到海邊後，我以新活動（玩滑板、騎單車、嘗試衝浪）取代了大部分看電視的時間，這些活動後來成為我終身的習慣。現在，即使沒從事這些運動，我也會找其他的新事物或活動來做，而不是癱坐下來看電視。偶爾我還是會看看節目，也喜歡和家人一起看電視上播放的電影，但看電視不再是用來打發時間的無意識行為。光是改變這個習慣，就給了我很多機會實際投入生活，而不只是袖手旁觀。

所以，好好檢視你吸收的內容，以及它們為你帶來的價值。例如：

- 那是幫你和親友保持聯繫的訊息和貼文嗎？很好。還是讓你感到自卑或嫉妒的網紅貼文？那就不必了。

- 那是有助於完成任務的工作郵件嗎？很棒。還是分散注意力的同事閒聊與職場八卦？省省吧。
- 那是增進知識的深度內容，不帶偏見嗎？當然要看。還是讓你對無法控制的事情感到憤怒、恐懼或沮喪的內容？絕對不要看。
- 那是幫你放鬆身心的影視節目與遊戲嗎？那很歡迎。還是讓你漫無目的地滑動螢幕數小時，最後只覺得自己像一攤爛泥？那就不用了，謝謝。

想知道哪些該保留、哪些該捨棄嗎？最直接的方法就是來一場「科技斷捨離」。[3] 把非必要的電子設備活動全砍掉。換句話說，就是關掉電視、把電腦留在公司、讓手機反璞歸真回到2004年的狀態（只保留通話及收發簡訊的功能），把其他的app全部刪除或隱藏。

原本花在社群媒體、電視、電玩上的時間，現在都可以拿來做別的事了。

要不要來上網球課？帶愛犬去探險？包餃子？還是和家人玩大富翁遊戲？現在正是做那些你「一直想做、但沒時間」的事情的大好時機。

試著堅持一週，你會看清兩件事：你一直**錯過**哪些真實體驗，以及科技產品中的哪些功能真正值得留戀。如果你迫不及待想玩你最愛的電玩，那請便，去重新啟動你的PlayStation遊戲機吧。但你可能發現，每天游泳比滑半小時的Instagram更好，那就讓那個app永遠消失吧。

歸根結柢，關鍵在於奪回你對科技裝置的主導權。你可以取消追蹤、退訂、過濾、封鎖、刪除。或是，善用通知設定與排程功能來減少干擾，戒除科技成癮的誘因。運用所有可用的工具，精心篩選映入眼簾的內容。這才是避免時間被科技綁架的方法。切記：當你免費使用產品時，其實是以你的時間作為代價。別輕易把時間送人，也不要任人竊取你的時間。

凶手2號：消耗你的人際關係

凡是消耗你的時間，卻不帶來任何價值回報的，都是時間小偷，即使是人也不例外。每段關係都需要投入心力與時間，這很合理，也是人之常情。但有些關係能帶來豐厚的回報，有些則不然。

「消耗型人格」（toxic people）就是典型的例子，他們只懂得索求，從不付出。這種人可能是朋友、家人、同事，甚至親密伴侶。他們不斷榨取你的時間、精力、關注（或許還包括金錢與情感），最後只讓你感到心力交瘁。

如果你身邊老是一些愛找藉口、不求長進的人，不知不覺你也會搭上那班「藉口列車」。說你該遠離那些不努力改變的輟學朋友，似乎很無情，但現實就是那麼殘酷。你對這種人還是可以保有同理心，但他們若是只會消耗你的能量、拖累你，你就應該減少與他們相處的時間。

這就像投資組合中的不良資產一樣，需要盡快處分。它們不會帶來回報，反而更像無底洞，不斷地吞噬資源。你投入越多，損失就越慘重。所以，別再把寶貴的時間浪費在這些人身上，不如及時停損。

我不是要你立刻和這些人斷絕往來，永遠不再聯絡。有時你可以這麼做，但現實往往沒那麼容易。我想說的是，你應該好好檢視這段關係，設立明確而合理的界線。如果你知道這種人會得寸進尺，那就寸步不讓。盡量保護好你的時間，因為你很清楚，他們一旦逮到機會，就會偷走你的時間。

80／20法則告訴我們，很多情況下，80%的結果往往來自20%的原因。把這個原則套用在人際關係上，你會發現：最重要那20%的人際關係，會帶給你80%的快樂與滿足。相反的，最糟那20%的人際關係，會造成你80%的負面思維與情緒。

所以，好好想想那些經常偷走你的時間、帶給你的負面情緒多於正面感受的人——那些總是打擊你、從不鼓勵你或為你加油的人。減少和這些人的相處時間，對你絕對有好處。如果你能找出那最糟的20%人際關係並逐步淡出，你很可能會發現，生活中80%的人際煩惱也隨之消失。

我知道這聽起來很殘酷，但是你知道什麼更殘酷嗎？那就是，你感覺，是**某人**讓你無法活出自己想要的人生。別讓這種事發生在你身上。

凶手3號：讓你痛苦的工作

說到只會消耗、但毫無回報的事，你的工作又是如何？我們知道，你必須工作謀生，我們也是。但如果工作一直讓你痛苦不堪，那就**改變**它。在你逐步打造的豐富人生中，工作應當成為每天為你創造價值的資產。人一生平均工作9萬個小時，相當於三分之一的壽命。[4] 既然如此，只要有可能的話，何不讓工作成為你喜歡的事情？

或許你可以和老闆商量，調整工作的內容，讓現職變得更好；或者你需要轉換職務、調整工作時程，或調到不同的地點；說不定你渴望更多的責任與挑戰；也許你必須遠離惡質的主管或同事。如果小小的改變就能帶來很大的差異，那就不要遲疑，主動詢問是否有調整的空間。

但有時這些調整無法實現，或是效果有限，這時你就該考慮換工作了。這並非異想天開，一直有很多人這樣做。你可以更新履歷表、上LinkedIn，查看職缺。你想創業嗎？那就開始研究。可否申請貸款？有沒有合適的合夥人？有沒有認識可能投資你的人？大膽開口問就對了。

這些事情確實都不容易。畢竟，工作變成時間小偷時，問題或許無法立刻解決，但你越早開始與人交談並採取行動，前進的道路會越快明朗。而你這麼做之後，結果可能令你感到驚喜。我就是如此。

破產後，即使我同時兼做多份工作，再加上新開的健身教練事業，我依然過著月光族的生活。畢竟，洛杉磯的生活成本很高。雖然不是完全沒機會談戀愛，但銀行帳戶老是見底，確實讓約會變得困難許多。

看到健身教練的事業漸有起色，我開始思考，能否將其他的興趣也變成收入的來源。我一直很喜歡酷炫的圖案T恤，自從我開始自己選擇服裝以來，就天天穿這種衣服。高一時，我上過絲網印刷課程，當時我天真地以為那表示我有資格當時尚設計師了。於是，我說服一位高中老友合創服飾品牌，先從設計一系列高級的圖案T恤開始。我們花錢請了一位接案設計師，把南加州的元素（龐克搖滾、墨西哥文化、衝浪）轉化為設計圖稿，然後把精緻的彩色樣稿裝進高級信封（以前都是這樣做的），寄給全美各地的男性精品店。沒想到一個月內真的收到幾十家店的訂單。我們立刻衝到洛杉磯市區的工廠下單生產，夢想著成為下一個Dolce & Gabbana。

眼看著新事業就要「起飛」，我們決定租個小倉庫。最後在城郊的工業區找到一間約30坪的老舊倉庫，簽了一年的租約。其實我們只需要十分之一的空間就夠了，但我們自我安慰說，多餘的空間可以用來蓋滑板坡道，等生意做大了，剩餘的空間自然就用得上。一舉兩得！

沒想到才過幾週，另一位剛新創一家小型鞋子品牌的朋友，臨時需要場地存放及寄送他的第一批貨品。他說，如果我們同意在接下來的半年為他提供倉儲運送服務，他願意付費。我們當然一口答應了，滑板坡道可以晚點再蓋。後來另一位朋友聽到這個消息，也想為他的服飾小品牌尋找共用的倉庫。答案當然是沒問題！

這種趨勢在接下來的三年裡持續發展，我們因此不斷擴張，其間還兩度搬遷到更大的倉庫，以因應這家快速成長的物流公司，但我們那個服飾品牌始終沒什麼起色。後來，我們決定關掉自己的服飾品牌，專心經營物流業務。後續七年，我們變成一家有上百名員工、年營收破千萬美元的倉儲物流公司。

當時，公司的財務績效早已超乎我的想像，我對我們親手打造的一切感到無比自豪。但隨著事業成長，我開始沒日沒夜地工作，只為了讓公司活下去。我的金錢問題是解決了，但我逐漸忽略了生活中其他重要的事物，包括我的新婚生活、工作以外的人際關係、健康也亮起了紅燈。我飲食失調、睡眠不足。別說當初計畫的滑板坡道了，我連滑板都**沒再碰過**，更遑論其他我曾經熱愛的活動。

一切看似美好，直到某天，我發現整個人都被掏空了，筋疲力竭。

世事往往不如表面所見，這讓我開始質疑我衡量成功的標準。我們之所以能經營這家「成功」的物流公司，其實全拜那條「失敗」的服裝線所賜。但經營服裝品牌的那三年，卻給了我無數珍貴的第一次。例如，前往日本和香港的媒體宣傳之旅；飛到紐約和西雅圖，去跟Bloomingdales、Saks、Nordstrom等百貨巨頭洽談合作；走遍美國各地，造訪別具特色的精品店；在秀展中度過漫長的白天，並在那些極盡奢華的品牌派對中，度過無數更漫長的夜晚；與許多喜愛我們品牌的演員、歌手、運動員成為朋友。

這家成功的物流公司確實給了我財務保障，這絕非小事。但它也帶給我很大的壓力，而且無法像當初短暫經營服裝品牌那樣，帶給我那麼多豐富的人生體驗。我的日常是這樣過的：清晨5點出門上班，開車通勤要花2個小時，工作12小時後，再開2小時回家。種種疑問開始在我的心頭浮現。某個特別疲憊的夜晚，我坐在廚房的餐桌前，寫下後來成為「人生尋寶圖」練習的第一批問題：我這麼拼命，到底是為了什麼？這就是我想要的生活嗎？甚至未來五到十年都要這樣度過嗎？

答案是很明確的「**不**」。這個結果有如當頭棒喝，讓我頓時醒悟，但也令人不安。對於我能夠從零開始打造事業，獲得穩定的收入，並為他人提供工作機會與福利，我確實很感恩，也深感自豪。然而，即使物流公司的創業經驗相當寶貴，我深知這不是我想度過餘生的方式。

就在此時，我爸的病情急轉直下，進入臨終階段。我深信他之所以能夠在生命的最後走得那麼安詳，是因為他生前勇於改變人生。看清這點，讓我對自己的未來豁然開朗。

這迫使我重新放大檢視人生：我真正在乎什麼？什麼才是真正重要的？我想留下怎樣的生命印記？

我突然清楚明白，有一件事對我最重要：我能為他人做些什麼。這聽起來很老套（現在依然如此），但我想做一些能讓世界變得更美好的事。不是等到功成名就以後，才像那些轉行做慈善的億萬富豪那樣。我希望每天做的每件事情都能改變他人的人生。

父親為我立下的榜樣讓我明白，我沒有任何拖延的藉口。當年他從區區716美元的微薄收入中，每月撥出100美元，在他居住的墨西哥小鎮上，為當地孩子的教育創立了慈善機構。事實上，最初那甚至不是慈善機構，只是一個有六個孩子的家庭，住在垃圾場裡。他看到他們的需求，決定資助他們購買日常食物。

但後來，他的朋友聽說了這件事，紛紛加入幫助更多陷入相同困境的家庭。很快地，這個善行發展成完整的組織，甚至設立理事會等正式架構。最早的受益者在這一切開始時年紀還小，如今他們都大學畢業了。數百名孩子獲得了獎學金、文具用品等援助，讓他們和家人得以擺脫赤貧生活。我爸當時幾乎沒有多餘的收入，卻因為決定幫助一個家庭，而意外啟動了一場在他身後依然延續的公益行動，幫助的人數遠遠超越了他的想像。

既然我知道，對我來說，人生最終最重要的是，我能做些什麼讓世界變得更好，那為什麼我不每天為此努力？

我自問這個問題時，徹底改變了我看待人生的態度。我賣掉物流公司的股份，轉身追尋更有意義的事。最終，這促使我和布莉姬共同創立了LSTN。

我後悔嗎？一點也不。我很清楚，我已經從創立及經營那家物流公司中，獲得了所有可能的價值。若繼續留下來，就是刻意忽視內心的真正召喚。我用十年安穩卻空虛的職涯，換取了十年財務風險高但充滿喜悅的冒險，走遍世界各國從事慈善工作。

從不可能到可能，再到勢在必行

每段偉大冒險的起點，都孕育著無數可能的未來。

從問題少年到高中畢業，從約聘人員到破產，從在車庫裡當私人教練到成為百人企業、年收破千萬美元的執行長，這一路上的經歷是我生命中最棒、最寶貴的一部分。每一步都始於一個想法，以及無數的藉口，告訴我自己為什麼這事行不通、為什麼我不該做。但千萬別聽信這些藉口，你應該追隨內心的渴望，開始為自己的人生徹底負責。

行動指南　好好分配時間與金錢

人生的體驗對我們來說不只是想要，而是真的需要，因此我們必須為此好好地分配資源，包括時間與金錢。

這些練習證明了，你不需要做出重大的犧牲或暫停現有的生活，就能實質地改善生活品質。

仔細追蹤，時間都去哪兒了

時間是我們最寶貴的資源。但研究顯示，人們事後回想自己如何運用時間時，往往與實際情況相差甚遠。想掌握真相，你必須當下就追蹤時間的流向。這是當場逮住那些時間小偷、並將它們繩之以法的最好方法。

1. 設定一個時間追蹤工具。市面上有許多免費的app，你也可以使用行事曆或紙本日誌（我們網站的資源區有可列印的版本）。用什麼工具不重要，重點是能清晰準確地呈現你每天每分鐘的去向。

2. 完整記錄五天的活動。請務必如實記錄，不要猜測，也不要忽略「微不足道」或「看似無聊」的小事。鉅細靡遺地追蹤所有活動。

3. 加總各類活動的時間。將工作、睡眠、煮飯、梳洗、通勤、滑社群媒體、看電視、雜事、照顧小孩、運動、興趣等所有活動的時間，分別加總。計算後，把全部的時間加起來，你就會知道自己真正擁有多少時間。

4. 有什麼發現令你感到驚訝？你的時間運用是否符合你宣稱的優先要務？那些「自由」時間，是真的用在你刻意選擇且真正想做的事情上，還是被偷走或浪費掉了？

設立「體驗基金」，小資也能成為體驗富翁

小時候你可能領過零用錢，可以自由支配。何不現在也為自己設立一筆「體驗基金」？我們不是理財專家，你若想深入了解理財，市面上有很多相關書籍，例如拉米特．塞提（Ramit Sethi）的《從0開始打造財務自由的致富系統》（*I Will Teach You To Be Rich*）是不錯的起點。不過，我們確實知道，當體驗變成你的優先要務時，消費習慣往往也會改變。

1. 列出你想擁有、但因金錢考量一直推遲的體驗，並估算每項體驗所需的費用，這樣你就有具體的儲蓄目標了。

2. 為這些體驗設立專屬的儲蓄帳戶。它可以是家裡的撲滿，或是銀行的實際帳戶。有些銀行提供虛擬「子帳戶」功能，讓你為特定的目標存錢，不必另外開戶。

3. 仔細檢視你的開銷，找出非必要或可能過度消費的項目。比較這些開支和第一步列出的體驗清單，哪個對你比較重要？或許你可以改成每天早

上在家沖泡咖啡，而不是買外帶的拿鐵。說不定你只需要訂閱一個串流影音平台，而不是四個。或者，你可以選擇在公園浪漫野餐，而不是去高檔餐廳用餐。

4. 從原有開支省下的錢，全部轉為體驗基金。如果自帶午餐上班每週能省下50美元，就把這50美元存入體驗帳戶。當你想買一件30美元的襯衫、但決定優先考慮體驗時，就把那30美元存入體驗帳戶。

注：想了解如何評估現有的收支以制定體驗預算，請到 ExperientialBillionaire.com 下載詳細的工作表。

第 4 章

你不敢踏入的洞穴裡，藏著你追尋的寶藏

「正視你內心最深的恐懼。此後，恐懼便失去力量，而你對自由的畏懼也會縮小，進而消逝。你就自由了。」

——吉姆・莫里森（Jim Morrison）

布莉姬：

我正在洛杉磯市中心的艾斯飯店（Ace Hotel）裡，站在劇場舞台的側邊。向外望去，看到台下數百名記者和觀眾正仰頭注視著那個男人。他靠著顛覆音樂界與航空業賺進數十億美

元，買下熱帶島嶼，搭乘熱氣球橫越太平洋與大西洋，上過外太空，創辦過上百家公司，卻從未忘記慷慨回饋社會。他沒有顯赫的學歷或家世，僅憑滿腔膽識追逐遠大的夢想，最終以叛逆者之姿登上巔峰。這正是我渴望成為的那種人。

他是理查・布蘭森爵士（Sir Richard Branson）。

正當我感受著這一刻的非凡意義時，我的偶像突然轉過頭來，望向站在舞台側邊的我，說道：「讓我們歡迎布莉姬・希爾頓，一位真正激勵人心的女性，她把商業變成了一場冒險之旅。」在熱烈的掌聲與此起彼落的閃光燈中，我走向亮麗的舞台。幾位坐在觀眾席的朋友對我露出燦爛的笑容，羨慕地看著我在笑容滿面的偶像身旁坐下來，準備對談。

這簡直是每個創業者的終極夢想。

只不過有個問題，而且是天大的問題。

我從小就**極度害怕**演講。小學時，在課堂上我們必須輪流朗讀課文。我總會先數前面還有幾個同學，偷偷預習我要朗讀的那一段。小學演話劇時，我只演「樹木」那種沒有台詞的角色。我連去教室的前面削鉛筆，都覺得渾身不自在。出社會後的第一份工作，我從來不敢在會議中發言。被迫說話時，整張臉就會漲得通紅。有次，我必須向一群同事介紹一支音樂影片，前一晚我緊張到差點恐慌症發作。創業以後，有些產業會議或公司會邀請我去演講，我總是找藉口推辭。甚至還有一次為了逃避活動，我謊稱家裡有人過世。

原來不只我這樣。據統計，高達75%的人有「演講恐懼症」（glossophobia）。多項研究顯示，演講是一般人的頭號恐懼，甚至超過**死亡**（和蜘蛛！）[1] 天啊。

然而，五年前，當LSTN還只是在我家飯廳草創時，我和喬第一次做了「人生尋寶圖」練習。我的願望清單上有什麼？「和理查·布蘭森爵士喝一杯」，這個夢想當時看起來非常狂妄，我還邊寫邊笑。那時我壓根沒想過，要是這個夢想真的實現了，該怎麼辦。

所以，即使我收到演講邀請時，手心冒汗、心臟狂跳，我還是答應了。畢竟，他是我的偶像！我得想辦法克服恐懼以實現這個夢想。

幸好，主持人提前給了我一份問題清單，讓我鬆了一口氣。我熬了整夜，把所有的問題背得滾瓜爛熟，還對著鏡子練習完美的回答與一些幽默的小故事。要不是有這點準備，我恐怕根本沒有勇氣上台。

但主持人大概是弄丟了筆記，又或者跟我有什麼過節，因為她問的問題，都不是我事先準備的。我整個人傻了，腦袋一片空白，心臟狂跳到幾乎跳出胸口，冷汗直流，基本上我完全不知道自己在幹麼。

至少，當下我是這麼想的，但似乎沒有人發現異狀。事實上，我很確定，根本沒有人在乎我說了什麼。布蘭森說了很多暖心的話，觀眾都被他的魅力征服了，而我就這樣糊裡糊塗地實現了一個夢想。

活動結束後，我真的如願和他喝了啤酒（從當晚的照片看來，應該還不止一杯）。我們聊起幫助聽障人士的共同經歷，這也是他熱衷的理念。我坦言，整場活動我都很緊張，沒想到他告訴我，其實他也很怕演講。但他說，他喜歡透過分享，讓別人從他的經歷與錯誤中學習。所以，現在他不再彩排演講以免給自己壓力，而是真心分享，想像自己正與一位朋友聊天，而不是面對滿場的觀眾。

我想起以前每次收到演講邀約時，腦中總會冒出這樣的聲音：「妳不配」、「妳其實不想做這件事」、「妳做不到」。我放任這些聲音主宰我，讓它說服我完全放棄演講的念頭。我總覺得，自己隨時會被揭穿是個騙子。但和布蘭森聊過後，我才明白腦中的聲音是錯的。

得知成就如此斐然的人也有同樣感受後，讓我重新燃起了希望。原來不是只有我這種新手會害怕演講。下次站上舞台感到緊張時，我可以記住這點：這是人之常情，一切都會沒事的。

在那晚的慶功宴上，陸續有人過來告訴我，LSTN的故事深深打動了他們，促使他們開始思考自己能為他人做些什麼。

一位與會者說，他們已經安排在公司總部開會，討論如何將公益理念融入事業。另一位說，他們計畫週末帶孩子去庇護所當志工。這讓我第一次萌生「或許我該多嘗試演講」的念頭，沒想到我的故事似乎能讓大家產生共鳴。

以前我一直以為，我只能透過捐贈助聽器來改變世界，從來沒想過分享那些經歷就能放大影響力。如果我能克服焦慮，真誠地和聽眾分享這些故事，或許能激勵他們用從未想過的方式付出愛心。這麼一想，放任我的焦慮去阻礙可能帶來的連鎖效應，似乎很自私。

此刻的我彷彿站在人生的十字路口：我應該勇敢追求更大的使命，還是退回恐懼的牢籠？

這樣一想，答案就再清楚不過了：我必須戰勝這個糾纏多年的恐懼。於是，我制定了計畫，開始邁出第一步：我在日曆上標注目標，想像我站在數千人面前演講的樣子。我開始擬定主題演講的大綱；下載了能幫我改善語速以及糾正「嗯」、「啊」等贅詞的app；請負責督促我的朋友讀我的講稿、聽我練習；錄下我演講的影片來檢討（這過程實在很煎熬）；對著牆壁練習時，刻意播放重金屬音樂來干擾自己。現在，我在海邊散步時，仍會邊走邊大聲背誦講稿（引來不少異樣眼光）。

我開始認真看待這件事以後，請了一位直言不諱的教練，讓他直接指出我的問題所在。我還加入一個演講者社群，在那裡我可以安心地分享這段歷程的高低起伏。這一切都給了我突破恐懼的勇氣。短短幾年後的今天，演講竟然成了我的熱情所在與謀生方式。那個我不敢踏入的洞穴裡，果然藏著我追尋的寶藏。

相信你也是如此。你在害怕什麼？什麼事情讓你不安到想逃避？也許你清楚知道你很怕那件事，或者，你為它找了很多藉口（例如你不擅長、不配得到，或不值得努力）。這些小謊安撫了自尊，但它們掩蓋的恐懼依然存在，繼續阻礙你前進。

我們需要以不同的方式思考及面對恐懼。你會發現，恐懼其實可以成為指引方向的羅盤，而非避之唯恐不及的洪水猛獸。它能帶領你經歷更宏大、更美好、更有意義的人生體驗，並以最好的方式塑造你的人生。

「恐懼」，往往來自於我們對未知的想像

恐懼是一種生理反應。無論是環境中的真實危險，還是負面念頭，當大腦把資訊解讀成威脅時，都會刺激杏仁核（大腦的情緒中樞），進而觸發壓力荷爾蒙的連鎖反應，造成身體的生理反應。你的心跳和呼吸會加快，血液會從頭部和軀幹流向主要肌肉群，為它們提供氧氣並做好行動準備。你可能會冒

汗、發抖或喉嚨緊縮，也許會感到口乾舌燥、頭暈目眩，甚至覺得腦子一片空白。

這種不適感其實是數百萬年演化而來的保護機制，透過戰或逃反應，來全力拯救你。你的身體系統正試圖做好萬全準備，不惜一切代價以保護你的安全。我們確實需要這套機制。真正面臨危險時，它能激發我們難以想像的潛能。我們都聽過這樣的故事：有人在危急時，展現出超乎常人的力量或勇氣。比方說，路人在車禍後徒手抬起汽車，以救出受困的駕駛；或母親擊退猛獸以拯救孩子。

然而，如今我們面對的多數情境，其實無關生死存亡。現在觸發杏仁核的，往往是那些對身體安全毫無威脅的念頭：「萬一我搞砸了，別人會怎麼想？」「要是我根本做不到，怎麼辦？」「萬一失敗了，如何是好？」「萬一被品頭論足怎麼辦？」

這種恐懼不會給你力量，反而會把你囚禁在原地。這也是很多人不敢辭去討厭的工作，不願參加社交聚會，不敢踏上旅程的原因。全都是因為這套戰或逃系統不斷發出錯誤警報，讓人在毫無危險時仍感到危機四伏。

很多時候，這種戰或逃反應，是被你的「想像」觸發的。也就是說，那並非真實發生的事，只是你對未來的負面預測。它們可能是各種「萬一」的念頭，或是非黑即白的想法，例如

「我永遠得不到那份工作」、「我這輩子都不敢演講」。你就像在算命一樣，總是預期最壞的結果。這種想法會觸發恐懼，導致你做出有礙目標的決定。

我們在調查中訪問了2萬人，請他們分享阻礙夢想的恐懼。以下是他們的心聲：

- 「我想報名本市舉辦的半程馬拉松，但擔心我練不到理想的狀態。」

  ——聖路易斯的馬克

- 「我夢想成為專業攝影師，但總覺我拍得還不夠好，不敢給別人看。」

  ——奧蘭多的莉迪亞

- 「我夢想表演脫口秀，但擔心觀眾聽不懂我的笑話，毫無反應。」

  ——芝加哥的瑞克

- 「我一直想開民宿，但怕家人責怪我放棄辛苦打拼的職涯。」

  ——普羅維登斯的克蕾兒

- 「我想獨自去歐洲長途旅行，卻又害怕隨之而來的孤單。」

  ——奧馬哈的蘿莉

這些人被想像的負面結果所箝制，所以連嘗試都不敢。生理上的恐懼反應使他們只關注潛在的損失，但沒想過可能的收穫，或每個結果真實發生的可能性。恐懼想保護你，但夢想未竟的痛，又怎麼說？當你想起你的抱負時，腦中是浮現哪些充滿焦慮的預測、「萬一」的念頭和恐懼？

你可以允許自己做任何事

小時候做任何事情都需要許可。例如，想看電視要父母點頭，上洗手間要老師批准。舉手、排隊、等著輪到自己。長大後，這些規矩看似消失了，但其實並未完全擺脫。

很多成年人彷彿仍在等待「許可」，才敢去追求真正渴望的事物，尤其當目標看似遙不可及的時候。他們用各種理由來說服自己「不行」：時機不對、準備不足、能力不夠、想法可笑、不夠謹慎、周遭沒人這麼做、嘗試就是自私、魯莽或狂妄。

如果現在我們告訴你：**你已經獲得許可了**。你會有什麼感覺？

這是你的通行證，白紙黑字寫在這裡：你可以去上表演課、飛往曼谷、畫幅山水畫、學做衣索比亞菜、要求升職、嘗試新事物、做出改變，甚至失敗。

最後那一項或許是最珍貴的。我們的社會對失敗不太寬容。大家亟欲掩飾過錯，怯於承認失誤，更少人因坦承失敗而獲得掌聲。大家習慣嘲諷及懲罰錯誤與瑕疵，而不是慶幸有這種體驗。

這很可惜，因為失敗是學習的契機。你可能已經很熟悉愛迪生的故事：在發明實用的電燈泡以前，他嘗試了上千種材料。正如他所說的：「我不是失敗了一萬次，而是成功找到一萬種行不通的方法。」他知道每次看似失敗的嘗試，其實都是向前邁進一步，因為這些經驗告訴他下一步該怎麼走。

你打造豐富的人生體驗時也是如此。你的目標不是追求完美。我們的社會太執迷於完美，我小時候甚至有一種叫「Perfection」（完美）的棋盤遊戲，玩家需要在時限內把棋子放入遊戲板上的對應孔位，若在時限內沒完成，遊戲板就會直接在你面前炸開。這算哪門子的兒童教育啊！況且，「完美」究竟是什麼意思？是第一次嘗試就一帆風順嗎？那不是完美，那只是在逃避真正值得承擔的重大風險與挑戰，不過是在舒適圈裡尋找虛假的安全感罷了。

當你允許自己失敗時，就獲得了嘗試的許可，你可以去冒險、努力、發揮創意，跌倒後再爬起來。想開podcast嗎？那就先做好沒人收聽的心理準備。想加入足球隊嗎？那就要接受你可能是隊裡最差的球員。想在藝術展中展出作品嗎？那就要準備好面對策展人的拒絕。

歸根結底就是放下自尊。這是在學習一個道理：做某事失敗，不等於你這個人很失敗。這種標籤是垃圾。當你把這標籤扔進垃圾桶時，就能為自己打開意想不到的機會之門。

幾年前我們飛往北京時，對此有了深刻的體悟。當時我們帶著LSTN的同事一起去參加秀展，機艙裡坐著不同種族與年齡的乘客。他們有一個共同點：都戴著我們的產品。這要歸功於我們與達美航空的合作。

我帶著時差的疲憊和幾分醉意，望著機艙內成排乘客耳機上的商標。那是我多年前在公寓裡親手設計的，心中不禁湧起一股自豪。這情景讓人不禁想問：這麼小的公司是怎麼和全球最大的航空公司合作的？

和我的許多精彩經歷一樣，這一切是始於一場派對。朋友的朋友恰巧是達美航空的高層，閒聊時他對LSTN的理念產生興趣，當場就掏出手機買了一副耳機，主要是因為他是個好人（現在仍是）。他很喜歡我們的產品，於是我們開始討論合作的可能。

當時我們是一家只有6人的新創公司，辦公室狹小，銀行帳戶幾乎快見底了。而達美航空是一家員工人數8萬的航空公司。如果我們拿兩者相比，根本不敢談合作。我們在大廳等待預定的提案會議時，知道Bose、Sony、Beats等大廠的高層，會在我們之前進去提案。這些公司有私人飛機，市值數十億美元，而且請職業運動員代言，電視廣告滿天飛。如果當時我們自問「準備好了嗎」、「夠格嗎」，恐怕早就打退堂鼓了。

但我們放下了自尊，真誠地爭取這個合作機會。經過三年的協商（沒錯，就是這麼久），我們終於拿下合約，為達美航空提供數百萬副耳機。簽約金額之大，完全超乎我的想像，而且我們隨即全數捐出，百分百的收益都用於慈善，因為我們想讓這項合作產生真實、深遠的影響。

這個財務決定如同滾雪球一般，為我們帶來了一連串難忘的經歷。達美航空為了宣布這項合作，拍了一支動人的廣告，以我們在祕魯幫助的兩位聽障小兄弟為主角。在LSTN和斯達克聽力基金會的協助下，他們終於能聽見聲音。帶著這對兄弟與攝影團隊穿梭在阿雷奎帕市（Arequipa）的經歷，本身就是一場冒險。這支廣告累積了數百萬次觀看，感動了無數人。當時在場的一位達美高層深受感動，決定餘生投身公益。另一位則承諾加倍推動達美航空的慈善計畫。誰知道他們的善舉又將激發多少善舉與付出？

那支廣告引發了一連串的新體驗。它讓我們有機會在某個頒獎典禮上發表演講，我和喬的演講時段，竟然是排在班・艾佛列克和史密斯飛船（Aerosmith）之間。夾在這些大明星的中間，真的讓人覺得自己像個冒牌貨。而我們也和最愛的DJ Questlove（現在是「奧斯卡得主Questlove」）在三萬英尺的高空上，共同主持了史上第一場無聲派對。我們還和洛杉磯名廚強・舒克（Jon Shook）與維尼・杜托洛（Vinny Dotolo）聯手舉辦了產品發表會。

這一切之所以能夠實現，都是源於我們當初**勇於嘗試**。雖然感到害怕、勝算渺茫、內心不斷質疑「你憑什麼在這裡？」但我們沒有選擇打安全牌。在多年的協商期間，我們始終專注於目標，不為瑣事分心，也沒有讓脆弱的自尊阻止我們力抗**規模懸殊**的競爭對手。

既然渴望這個機會，就全力以赴。我們沒有讓可能的失敗阻礙自己，而是追問：「最好的結果會是什麼？」如今我們不必想像「當初要是勇敢豁出去會怎樣」，因為我們已經親自見證了。

那麼，你可以允許自己做什麼？

膽量可以訓練，恐懼可以克服

當你處於戰或逃模式時，你所做或不做的每件事，都在教導大腦如何看待你感受到的威脅。如果你迴避或逃離那個情況，大腦會立即獲得解脫感。於是，杏仁核就此學會：避開這種情境就能維持安全。

當然，如果面對的是灰熊的威脅，你會希望大腦這樣反應。但要是你害怕的其實是「被人評判或嘲笑」這類根本不構成實際危害的事呢？假設你受邀參加一場充滿陌生人的聚會，你擔心自己看起來很糗、犯錯或被品頭論足，頓時感到一陣恐懼，於是你決定不去參加聚會。呼！鬆了一口氣！你不用擔心被評論了！

但這麼一來，你的大腦學到「派對很危險」（就算派對上沒有龍舌蘭酒也一樣），而且認定「避開派對就能維持安全」。下次你收到派對或活動邀約時，焦慮感只會更強烈。大腦會拼命催促你逃離，因為你以前就是這樣保護自己的。

你越是逃避，焦慮就越嚴重，甚至可能蔓延開來。從害怕派對，變成抗拒所有的社交場合，最後連跟咖啡師簡單互動都開不了口。這可能逐漸妨礙你的生活，讓你連真心想做的事情都裹足不前。一旦你訓練大腦對沒有真正危險的事情拉警報時，就會變成這樣。

面對這種沒有實際危險的焦慮，你可以改採不同的行為：察覺你的恐懼，接受它，然後照樣參加派對。事實上，你可以頻繁地出席各種派對，即使每次都出現戰或逃反應，依然硬著頭皮去。

大腦會不斷在過程中收集資料，不久就會發現：「等等，根本沒發生什麼壞事！這其實不危險嘛！」久而久之，你重新訓練了杏仁核對安全的認知，你的恐懼反應便逐漸減弱，甚至消失。

如果你只是坐著等待「感覺自在」時才行動，你可能永遠也等不到那天。大腦不會神奇地自我重新訓練。你必須在感覺自在、覺得自己準備好**以前**就行動。你可以選擇做你害怕的事，感受恐懼但依然行動。逃避恐懼會讓你的世界越活越小，面對恐懼才能拓展世界。

也許你不怕參加派對，但你的人生中肯定至少有一個領域是你害怕失敗的，那可能是工作、財務、感情、身材、名聲或歷史定位等等。每個人都有害怕搞砸的事情，而那種恐懼往往阻礙我們更上一層樓。

只要用對訓練方法，大腦幾乎可以克服對任何事物的恐懼，甚至連你以為人人都怕的東西（比如獅子）也不例外。

我和喬在肯亞的馬賽部落（Maasai）執行公益任務時，正好有機會實現非洲草原獵遊的夢想。完成公益任務後的翌日清晨，天還沒亮我們就出發前往草原。我們搭乘沒有車門的Land Cruiser越野車，在塞倫蓋蒂草原（Serengeti）上顛簸前行，只為了近距離觀察大象和大型貓科動物。

我們確實做到了，甚至靠得太近了。

前晚下了一整夜的暴雨，地面變成幾英尺深的泥漿。我們正試圖讓輪胎脫困時，導遊突然壓低聲音急促地說：「別動。保持安靜。」

車子右側，一頭超大的母獅朝著我走來。牠張著大嘴，流著口水，活像個冷血殺手。我們之間僅隔著不到一公尺的空氣，連車門都沒有。在這齣比《獅子王》驚悚百倍的實境秀裡，娜娜（按：迪士尼《獅子王》中的母獅名字）突然俯身，與我四目相對。當越野車終於掙脫泥濘時，我能感覺到牠的軀體從我的腿邊擦過。人生的走馬燈在我的眼前閃過，我嚇到尿褲子，想像著我的訃聞寫道：「布莉姬死後，成為她生前的最愛：一道美味佳餚。」哈庫那馬塔塔（Hakuna Matata，按：斯瓦西里語，意思是「沒有煩惱，沒有憂慮」。這是《獅子王》中，狐獴丁滿和疣豬彭彭所唱的一首歌的歌名，用來鼓勵辛巴忘記過去的困擾，享受生活）。

我們原本以為這頭巨獸的死亡凝視已是恐懼的體現，沒想到好戲還在後頭。當天下午，當我們緩緩穿過高草叢以尋找動物蹤跡時，遠處突然出現一道身影朝我們走來。那看起來不像動物，但方圓數十里內根本沒有道路或村落。20分鐘後，一位馬賽族的婦女現身，她那紅藍格紋的傳統舒卡（Shuka）披肩，在無盡的棕綠草原上顯得格外醒目。

我們當場傻眼。在攝氏38度的高溫下，這片遼闊山谷裡看不見半點水源，隨時可能出現猛獸，她卻像散步般從容？而且背上還揹著東西。等等，那是**嬰兒**嗎？

她走近與我們聊了起來。我提起剛剛與獅子近距離接觸的驚險，不可置信地說：「妳一個人走在這裡，難道不怕獅子嗎？」

她聽了以後大笑說道：「不怕，我只怕河馬。」

馬賽人從經驗知道，獅子其實很懶，除非牠們感受到威脅，否則不太可能攻擊人類（但牠們剛才確實唬過我了）。反倒是河馬的攻擊性極強，每年造成的死亡人數比獅子、大象、豹、水牛、犀牛加起來還多。河馬簡直餓瘋了，變成餓馬！

所以，你看，連看似真正值得恐懼的東西，也未必如你想像的那麼可怕。你越了解某種東西，通常就越覺得它不可怕。

越了解他人，就越難把他們妖魔化

「牛血、牛肉，還有牛奶。」

這是我問馬賽戰士最愛吃什麼時所得到的答案。我驚呼：「等等，就這樣啊！」他笑著回答：「沒錯，很好吃，也很簡單。」看著他的肌肉在陽光下閃閃發亮，我啜飲了一口牛血（還不賴！）甚至動念想要改變飲食習慣，但不久就想到洛杉磯的健康食品店應該不太可能販售牛血。

表面看來，馬賽人與我簡直天差地別。從衣著、飲食、日常活動、語言、生活環境到社群結構，我們似乎毫無共通點。但相處的時間越長，我越發現事實並非如此。

這位馬賽戰士殷勤地歡迎我們進入他的村落。我們在音樂中找到共鳴，這既是我最初的摯愛，也是他們文化的重要部分。馬賽人教我們傳統歌舞，並告訴我們當今坦尚尼亞和肯亞的嘻哈歌手，常把馬賽節奏融入作品中。馬賽部落的女性向我們展示，如何製作那些賣給觀光客的精美首飾。我們一起生火、比賽跳高（我慘敗）、聆聽草原生活的精彩故事。沒錯，表面看來我們截然不同，但價值觀卻出奇地相近。我們都熱愛音樂、重視社群、嚮往自然、懷抱創業精神。當然，還有鮮嫩多汁的牛排。

人類先天就喜歡區分你我，區分自己人與外人。所謂的「外人」，是指那些我們不了解或無法產生共鳴的群體。無論事實如何，我們很容易認為他們相當可怕或有威脅性。縱觀古今中外，這種現象不斷重演，至今依然如此。

化解這種恐懼的方法很簡單：靠近一點。你越了解他人，就越難把他們妖魔化。

我走遍美國五十州時，一再學到這個道理。2016年總統大選後，美國社會陷入前所未有的分裂，促使我認真展開這項計畫。當時，拜兒時的公路旅行以及音樂界的巡演經歷所賜，我早已去過不少地方。但這次我決定努力探索其餘各州，或許這樣做能讓我更了解「自由之邦」（land of the free，按：美國國歌〈星條旗之歌〉的一句歌詞，用來形容美國是自由的國家，可作為美國的代稱）的真諦。

走遍美國，就像一次探訪好幾個國家。西雅圖的市中心與堪薩斯的玉米田小鎮幾乎毫無共通點。外國人想到美國時，腦海中浮現的多半是紐約、好萊塢或矽谷，但實際上，全美95%的土地都屬於鄉村地區，有極寬廣的開闊空間。在這片廣袤的土地上，孕育著極其多元的自然景觀、生活方式、族裔文化、語言與信仰。可惜，據估計，半數的美國人一生去過的州不到十個。

每到一個州，我都努力體驗當地的獨特文化：品嘗傳統美食、探訪自然勝地、嘗試特色活動。在新墨西哥州，我大啖哈奇辣椒（hatch chiles），搭乘熱氣球飛越格蘭德河（Rio Grande）。在麻州，我登上龍蝦船，參與龍蝦的捕撈。在阿拉斯加，我品嘗馴鹿肉，午夜時分在冰河健行。在北達科塔州和南達科塔州，我造訪了原住民保留區。在印第安納州，我從沙丘頂端滑下來。在紐奧良，我邊吃貝涅餅（beignet）邊欣賞爵士樂。在懷俄明州，我學牛仔套小牛。最後在夏威夷，我吃了午餐肉飯糰，學習養蜂，為這趟旅程畫下句點。

每到一處，我都刻意去找那些在許多方面似乎與我截然不同的人交談。沿途的卡車休息站、風滾草、路邊小酒吧之多，超乎想像。這與新聞塑造的美國形象相去甚遠。我發現，看新聞確實會讓人憂心這個國家。但有些事情是無法透過螢幕學到的，你得親眼去看，親耳去聽，親身去感受。當你開車穿越美國時，會發現每個地方都有其美好，不論是風景、還是人情。

走過這一遭後，我更容易了解，每個人的思考與生活方式都有其緣由。多數人既不瘋狂也不邪惡。他們只是根據自身經歷與獲得的資訊，得出一套結論。如今我深信，多數人其實都是我們尚未結識的朋友，因為在美國或世界各地，絕大多數的人本質上都是友善及樂於助人的。當你體認到這點時，就能拋開標籤與恐懼，以同理心和開放的心態傾聽彼此。（我知道這聽起來很理想，但總得抱點希望吧！）

所以，為什麼不行動呢？

說到底，唯一重要的意見是你自己的心意。為什麼不寫那本書呢？為什麼不去學鋼琴呢？為什麼不去考遊艇駕照呢？當你不再被自尊心綁架，不再擔心別人的評價與可能的失敗時，恐懼就會煙消雲散。到時候你會意外發現，那些勸阻的聲音消失得有多快。

行動指南 你渴望的一切，都在恐懼的另一頭

恐懼導致你不敢去追求什麼？以下是一些常見的例子：

- 不敢去陌生國度旅行。
- 不敢換工作或換職業。
- 不敢搬到新城市生活。
- 不敢學習或運用新技能。
- 不敢投入一段新感情。
- 不敢結交新朋友／拓展社交圈。

鎖定一項恐懼並回答以下問題：

- 如果你鼓起勇氣去做那件害怕的事，可能會發生哪些負面狀況？
- 那後果真的有那麼糟嗎？萬一你擔心的事情真的發生了，這對你來說意味著什麼？
- 從這裡可以看出你怎麼看待自己：你覺得自己夠有安全感、有價值、有能力，討人喜歡嗎？
- 這些想法是從哪裡來的？
- 這些想法如何阻礙你追求夢想？

- 如果你對自己有不同的想法，你會做什麼？

注：前往 ExperientialBillionaire.com 取得這個練習的延伸版本。該版本是我們與密西根大學的焦慮專家克麗絲婷·薩爾瓦多（Kristen Salvatore）合作開發的。

第 5 章

把「改天」變成「今天」

「光站在岸邊盯著海水，永遠無法橫渡大海。」

——泰戈爾

喬：

賣掉物流公司的股份後，我破天荒放了幾個月的長假。表面看來，一切都很美好：經營公司十年後，我的腦袋終於恢復清醒與平靜，身體也逐漸恢復健康。我結了婚，準備養兒育女，這一直是我的心願，也令我興奮。財務上，我處於這輩子最好的狀態，不僅能準時繳帳單，還能隨心所欲地上館子。我準備好迎接下一個創業挑戰：一個以人道關懷為核心的事業。

沒想到，這時我的人生急轉直下，活像一首老套的鄉村悲歌。我爸離世不過數月，我養了四年的狗也突然走了，接著婚姻也畫下句點。老爸走了、狗沒了、妻子離開了……沒錯，只差幾聲哀戚的鄉村吉他滑音，就能譜成一首暢銷金曲。

人生突然砸來的變化球，讓我不得不按下暫停鍵，心底有個聲音不斷地勸說：「你現在經歷的事情已經夠多了，等時機好轉再重新開始吧。反正現在有積蓄，先休息個一兩年也沒問題。或者，乾脆等到真正有靈感再說。」

這念頭說服了我，我的動力就此消失，我決定等待。

如果你曾經跟小孩子相處過，你就知道他們**最討厭**等待。坐在汽車後座的孩子總會不停地追問：「到了沒？」要是你說「等一下」，他們非得問清楚「要等多久？」看到想要的東西時，他們不會想著「也許待會兒再來買」，而是**現在**就要。

長大後，我們培養了耐心，越來越懂得延遲享樂。這很重要，因為沒有人想看到大人在超市裡耍脾氣。更何況，人生中的重大收穫大多需要時間的醞釀。無論求學、工作、培養新技能，或追求遠大的目標，都得先付出努力，才能期待未來的回報。

但或許，成年以後的我們變得太會壓抑渴望了。以前我們整天嚷著「現在就要」，現在卻老是把「改天再說」掛在嘴邊。改天再去夢想中的地方旅行、改天再開始健身、改天再學外語、改天再開闢園地、改天再組樂團玩音樂。我就是這樣，總是告訴自己，改天再創立那個社會企業吧。

但殘酷的事實是：「改天」從來不在行事曆上。

這根本是自欺欺人的把戲。我們用「改天再說」來逃避一個事實：「如果現在不做，就永遠不會做了。」這種錯覺讓我們以為時間還很多，來日方長。我們把夢想寄託在「改天」，卻從來不制定計畫以付諸行動。然後，遺憾的是，最終一切就此不了了之。

這就是可怕的「改天症候群」，而且已經成了流行病。幾乎每個成年人都不知不覺染上這種惡習，而且多數人一輩子也戒不掉。我們知道這點，是因為研究一再顯示，多數人最大的遺憾往往不是「做過什麼」，而是「**想做卻沒做的事**」。在我們對2萬多人做的調查中，高達四分之三的受訪者把「沒做過的事」列為人生最大的遺憾。以下是幾位65歲以上受訪者的心聲：

- 「我一直想買台露營車，在妻子過世前，一起開車環遊全國一年，卻始終沒能實現。」

  ——聖路易的山姆

- 「最後悔的是沒去讀護校。那明明是我熱衷的事，卻從未行動，如今為時已晚。」

——萊星頓的露易莎

- 「真希望兩個兒子成長時，能多陪陪他們，而不是一直工作。」

——鳳凰城的保羅

- 「我明知婚姻不適合我，卻因社會壓力而勉強維持，這是我最後悔的決定。」

——帕克城的凱西

- 「我從小就夢想開飛機，但現在視力不行了，我很後悔沒有做這件事。」

——紐奧良的湯瑪斯

- 「我很後悔父母在世時，我沒有多問問他們的成長經歷。」

——斯波坎的唐納德

- 「高中時我的藝術創作屢獲大獎，我很後悔沒有繼續發展這個天賦。」

——丹佛的雪麗

- 「我很後悔在兒子過世前，沒帶他到我成長的密西西比看看。」

——納什維爾的加百列

- 「當年有機會創業做景觀設計，卻沒有勇氣去做，這是我畢生最大的遺憾。」

——夏洛特的大衛

人生難免會因為某些嘗試不如預期而感到懊悔，這很正常。隨著時間流逝，你會發現，這些不如預期的遺憾，相較於那些「從未嘗試」的悔恨，根本微不足道。要避免這種重大的遺憾，不妨學學汽車後座的孩子：別再接受「改天再說」這個答案。

行動，是遺憾最好的解藥

既然知道多數人的最大遺憾是「沒做到的事」，顯然我們最大的敵人是裹足不前。我的人生剛崩塌的那幾個月，我不知道該做什麼，所以什麼也沒做。我等著痛苦消退，告訴自己需要時間療傷止痛才能繼續前進。我等著靈光乍現，期盼答案從天而降。

結果我什麼都沒等到，反而遺憾的種子開始在內心萌芽，而且隨著日子一天天地虛度，它們益發茁壯。

真正折磨我的，不是那些已經失去的。那些傷痛確實椎心刺骨，難以接受。但換個角度想，我何其有幸：有幸擁有一位感情親近的父親；有幸經歷過（大抵）美滿的婚姻好幾年；有幸在經濟能力許可下，在合適的地方養狗作伴。

讓我感到遺憾的，是那些「**沒有發生**」的事。我夢想創立一個結合時尚與公益的事業，卻始終沒有實現。父親過世帶來的迫切感與覺悟早已消失，取而代之的是猶豫不決與無力感。

我知道，若想讓世界變得更好，每拖延一天都是浪費。不只是浪費，更是永遠**失去**了。但我不知從何處著手，只能繼續等待。我就這樣沉溺在迷茫中好幾個月，後來才意識到我完全搞錯方向了。

其實，我早就知道該如何實現這個雄心壯志。以往那些艱難挑戰與可怕的人生轉折，我都一一克服了：戰勝毒癮並準時高中畢業、搬到海邊與陌生人同住、白手起家創業。這些事情最初也只是很大、很模糊的概念。直到我真正**開始行動**，它們才逐漸成形。

於是，我列了一份創立社會企業的待辦清單：營業執照、銀行開戶、網站架設、商業企劃書、創業夥伴資料、軟體設置等等。我把我能想到的步驟都列出來，然後分門別類並排定優先順序。接著，我把每一項標注在行事曆上，形成明確的時間軸，朝著具體的開業日期邁進。為了鞭策自己，我向所有認識的人，包括親朋好友、商業夥伴，甚至潛在的媒體和公關管道，公布了這個日期。

你猜後來怎麼了？我的低潮就此一掃而空。每踏出一步，我就獲得更多的動力。做得越多，點子就越多。進展越大，前進的道路就越清晰。當然，事情不可能完全按計畫進行，人生本來就是這樣。只要開始行動，無論是往哪個方向前進，視角都會改變。但就算走錯路而退後一步，那也是邁向正確方向的必經過程。一旦動起來，就更容易持續維持動能。我只需要隨機應變調整計畫，不斷推進就好。最困難的，永遠是跨出第一步。

在我開始行動後，短短幾個月內，我已經成立一家實際運作的公司了：益助設計（This Helps）。這家公司專門設計及販售鞋款、T恤、帽飾等商品，並將每件商品的收益投入我熱衷的慈善事業。

接下來那一年，我賣出上萬件商品，飛往世界各地與慈善夥伴直接合作。我在海地協助安裝濾水系統、在印尼和柬埔寨協助人口販運的受害者、為瓜地馬拉的偏鄉興建學校。此外，我也與美國本土的癌症研究機構、造林計畫、動物收容所合作。過程中，我騎越野車穿越猴群棲息的叢林、籌辦高空跳傘慈善募款活動、跑馬拉松、體驗泛舟、學莎莎舞和烹飪課程、玩飛行傘，也在許多偏遠陌生的地方與當地人把酒言歡。

那一年，我第一次感覺到我真正活出了理想的樣子，而這也引發了連鎖反應，徹底改變了我的人生。這些經歷療癒了年初的創傷，讓我遇見了事業夥伴布莉姬，共同創立了LSTN。更因此結識了我現在的妻子雅絲敏，我們一起孕育了兩個可愛的孩子。往後幾年，這股趨勢持續發展，各種超乎想像的經歷接踵而來：我在紐約與脫口秀主持人崔弗．諾亞（Trevor Noah）同台演講、在摩納哥向企業領袖發表演說、凌晨3點在溫哥華的頂樓與演員哈維爾．巴登（Javier Bardem）一起拍廣告、搭乘直升機和私人專機（當然不是我的）、登上地方新聞（媽！我上電視了！）、在巴哈馬的郵輪上向滿船的創業家演講、結識許多才華洋溢的朋友，甚至莫名其妙地登上韓國和多明尼加報紙的頭版。

我今天的一切，都始於一個簡單的決定：不再空等「改天」，而是立即行動。

你也做得到。只要跨出第一步，人生就可能出現驚人的轉變。本章接下來將教你如何踏出關鍵的第一步、克服「改天症候群」，並把「改天」變成「今天」。你一直把什麼事情推到「改天」，只因為你覺得太難了？

一個關鍵行動，告別「改天再說」的拖延人生

新年新希望的成功率只有8%，92%的人最終放棄了。[1]當你想要改變人生時，這個數字或許令人洩氣，但換個角度想：有8%的人成功了，而且他們絕非僥倖成功或靠運氣，他們是怎麼做到的？

答案是，把大目標拆解成可以持續執行的小步驟，並堅持行動。

你的願景越宏大，就越容易出現「改天症候群」。面對排山倒海而來的問題、抉擇和阻礙，你可能感到無力。你知道這需要時間，所以覺得不急於一時。眼前的挑戰可能比你以前面對的任何事情都大，令你不知所措。這時你很容易就想，「先放著吧，反正總有一天會實現」。

面對這種擱著不做的誘惑，破解的祕訣在於：用小步驟來對抗拖延。把夢想拆解成具體可行的小步驟，會大幅提升成功機率。你更有可能跨出第一步，也更有可能堅持到底。[2]

我就是用這種方法來處理創業的待辦清單。創辦人道關懷的社會企業是一個浩大的任務，但「申請營業執照」呢？這個我可以搞定。只要找到申請表格、取一個名稱、繳規費，頂多幾個小時就能辦妥。

遇到重大決策時（比如企業核心業務的定位），我也如法炮製，先拆解成小步驟。首先，以腦力激盪的方式列出所有的可能性，再訂出評估這些項目的標準。接著，逐一研究每個選項，並用標準加以檢驗。這麼一來，做決定就容易多了。

就算終極目標需要多年才能實現，你也可以現在就開始行動。想成為頂尖鼓手嗎？今天就拿起鼓棒來練習。想站上TED講台嗎？立刻開始構思演講大綱。列了一長串夢想的旅行地點嗎？馬上排列優先順序，現在就開始規劃第一趟旅程。

在這個過程中，關鍵是要**具體**。光寫「環遊世界」或「學鋼琴」沒有用，你必須明確決定具體的內容。比方說，「學鋼琴」可以細化為：「每天練習30分鐘，每月學會一首新曲，這是今年要學會的十二首曲目。年底的這個特定日子，我要為朋友和家人舉辦一場演奏會。」與其空泛地說「有朝一日想在小木屋生活」，不如明確規劃：「五年後，我想在明尼蘇達州的森林裡蓋一棟A字型的小木屋。這是我現在就必須開始做，才能如期達標的事情。」就算中途遇到意外耽擱了一兩年，至少目標還牢牢地釘在行事曆上，不會陷入「改天再說」的無底深淵。

即使是看似簡單的體驗，往往也需要拆成多個步驟。比方說，假如你的目標是每週健身一次，你需要先挑選健身房、加入會員、選擇課程或規劃訓練內容、準備合適的運動服和鞋款……諸如此類。又比如，你想看現場的脫口秀表演，你得先找出誰在巡演、決定看誰的表演、什麼時候看、買票，還要想怎麼去到秀場。參觀博物館、寫詩、多打電話關心老媽……無論是什麼事情，只要事先想清楚具體的執行方式，實現的機率就會大幅提升。

大多時候，最困難的是跨出第一步。

掌握行事曆，就是掌握真正的財富

你的體驗財富有多豐厚，不必求神問卜，翻開行事曆就知道。攤開它，你未來幾天和幾個月能獲得多少寶貴的經歷，全都一目了然。比對你的行事曆和「人生尋寶圖」，立刻就能看出你的行動與理想是否同步。

我們老是說目標和夢想很重要，但空談無益。你的選擇才是關鍵。你的行動才是重點。行事曆從不說謊。

這沒有什麼魔法，道理很簡單：寫進行事曆的事，你才會完成。研究顯示，當受試者明確規劃「何時何地」完成預定的活動時，完成率高達91%。[3] 這本行事曆，是累積人生閱歷，增加體驗財富的必要工具。

在我那段意志消沉、放任悔恨滋長的日子，我的行事曆早已顯示一切都不對勁。多年來第一次，整個行事曆完全空白。離開物流公司時，我明明計畫要展開新事業，但只要沒把計畫排進行事曆裡，那都只是空想，並不真實。

若你以為填滿行事曆就沒問題，且慢！塞滿的行事曆可能和空白的一樣糟，關鍵在於「填了什麼」。梭羅說得好：「光忙碌是不夠的，螞蟻也很忙。問題是：我們在忙什麼？」大忙人的行程大多排滿了急事與他人的要求，裡面塞了很多會議、雜務、義務，幾乎沒有他們真正渴望的人生體驗。**看似**充實的行事曆，若以寶貴經歷來衡量，其實空洞無比。（這也是一種「我沒時間」的謬誤，你其實有時間，只是都浪費在錯誤的事情上。）

你需要用新的方式看待行事曆：以「豐富人生體驗」為優先。在行事曆被其他事物填滿**以前**，你應該先把真正想要的體驗排進去。

看看那串永無止境的待辦清單：繳帳單、倒垃圾、採買日用品、預約牙醫、買媽媽的生日禮物、準備重要會議的簡報……周而復始，沒完沒了。那些都是「人生維護項目」，也就是為了維持生活、工作、居家整潔而**必須**做的事。我們不是建議你跳過別做，但這些事情有意義嗎？你年老時還會記得這些嗎？

不會。但一不留意，它們就會占據你每一天。工作也是，你一不留神，工作就占滿了你的時間。你為一項任務安排一週的完成時間，而非一小時，它會自動變得更複雜、更耗時。這就是帕金森定律（Parkinson's law）：工作會膨脹到填滿所有可用的時間。[4]

所以，在排其他的事情以前，你應該先把你真正想做的事情寫進行事曆，即使再小的事也要寫進去。如果它們不在待辦清單上，也沒排進行事曆，那就等於不存在，注定永遠不會發生。

現在，打開你的行事曆。這是你「改變前」的現狀，你看到什麼？如果上頭沒填入寶貴體驗，那就別指望它們憑空出現。你得親手把它們寫進去，這才是「認真生活」的真諦。

例如，在我們的人生體驗調查中，數千人將「高空跳傘」列為此生最想做的三件事之一。[5] 但有趣的是，跳傘其實不難實現。它嚇人嗎？那當然！但很多地方都可以體驗跳傘，而且只須花幾小時和幾百美元。就算要存錢一年，多數人也負擔得起。然而，多數人把這件事放在「改天再說」的清單上，從來不認真了解需要什麼，也不制定計畫去做。

我19歲時想體驗跳傘，我告訴三個朋友，並約定一個月後的某天去體驗。我們各自打零工存了120美元，到了那天，我們就去跳傘了。

那天的每個細節，至今依然歷歷在目。走向機艙門時，我緊張得胃部翻騰。最後一次緊抓門框時，腎上腺素狂飆。我翻滾墜入空中後，疾風打在我臉上，60秒的自由落體彷彿被拉長成10分鐘，耳邊盡是呼嘯的風聲。

這些珍貴的細節，永遠封存在我的記憶寶箱裡。在那些行事曆空白的日子裡，我有多少這樣的記憶？寥寥無幾。

切記，排進行事曆的事情才會實現。想體驗高空跳傘嗎？現在就預約下個月的第一個週六吧。在其他沒那麼重要的事情塞滿你的行事曆以前，先為你的個人目標安排時間，鄭重地把它填入行事曆裡。我保證，這會是你永生難忘的體驗。

3大工具，全面提升你的執行力

行事曆能提醒你該做什麼，但無法逼你行動。若想提高執行力，光靠腦中那句提醒「我應該做這件事，即使現在不太想做」絕對不夠，你需要一套問責機制。

工作和學校本身就內建這種機制：有人告訴你何時該做什麼，完成時有獎勵，沒完成要承擔後果，你要為自己的行為負責。所以，如果你想領薪水或畢業，你會做該做的事。

人生沒有內建問責機制，所以你想進步的話，就得自己打造一個。其實只要巧妙運用三種簡單工具的組合就夠了：適時提醒、自訂獎懲、找個督促夥伴。

工具1：用小提醒，創造大改變

提醒（nudge）是環境中讓你更容易做出正確行動的東西。它能讓你時時記得優先要務，同時降低行動阻力。它的核心概念是：設計生活環境，讓你用較少的意志力和精力就能做你想做的事情。

這種提醒往往是實體物品。比如，我把「人生尋寶圖」貼在浴室的鏡子上，以便每天看到。如果我想養成睡前寫日記的習慣，就把日記本擱在枕頭上。若我想每週划立槳兩次，前一天晚上就把板子和防寒衣擺在顯眼的地方，早上煮咖啡時讓它們盯著我，提醒我別忘了想做的事。假如今晚我打算做泰式炒河粉，出門上班前，我會把河粉和鍋具放在流理台上，這樣下班回家看到準備好的材料，我還會把它們收起來改叫披薩外送嗎？大概不會吧。

鬧鐘與通知（或選擇關閉它們）也有強大的提醒功能。行事曆app可以提醒你不想忘記的活動；健身手環或智慧型手錶會適時提醒你該起身走動，或是做幾組紓壓的呼吸練習。反之亦然，當你需要專注時，也可以關閉通知功能以避免干擾。

就連家具擺設、衣著選擇，甚至居住地點，都會影響你實踐目標的難易度。切記，便利性永遠比追求完美更重要。

以健身為例，若要在「下班順路的普通健身房」和「需要繞路的豪華健身房」之間二選一，請選前者。接著，準備幾套你真的愛穿且穿起來舒適的運動服，並設定提醒通知，以免你忘了運動時段。每晚提前收拾健身包，把它放在門邊，這樣就不會忘記了。我打算早上運動時，前一晚就會把運動服拿出來，這樣起床看見就能直接換上。我才醒來5分鐘，但已經成功了一半。

這些小提醒累積起來，就能帶來行為的大改變。所以，檢視你想做的事情並自問：可能遇到哪些阻礙？什麼麻煩事會讓你覺得困難或沒興趣？有沒有因為「太方便了」，反而變成偷懶的藉口？如何消除這些干擾？

工具2：自訂獎懲，是督促行動的強大動力

每個選擇都伴隨著後果，問題是當我們追求個人目標時，這些後果往往太過模糊又遙遠。當我空等創業靈感降臨時，雖然知道我正在浪費時間，但不清楚我究竟錯過了什麼，可能是環遊世界的機會、改變數萬人生命的契機，甚至是遇見未來妻子。

這就是為什麼你應該為自己創造更直接的後果。比方說，

要求自己完成承諾的目標後，才去享受你喜歡的事情（比如看你最愛的節目、享用美食，或享受按摩）。你也可以乾脆訂個罰金，畢竟沒有什麼比金錢懲罰更能讓人說到做到。我有四個朋友每天早上7點一起運動，如果有人遲到，他就得付其他三人每人10美元；要是無故缺席，就要付每人20美元。猜猜看他們多常遲到？答案不言而喻。請善用人性中「害怕失去」的心理，這是督促行動的強大動力。

有時候，不便反而能成為助力。如果你想跑8公里，卻連在跑步機上堅持30分鐘都很難，不妨改到戶外跑步，先往一個方向跑4公里。這樣一來，你就得再跑4公里回家，無法偷懶。想去某個地方旅行嗎？那就買一張不能退的機票，這樣臨時取消就會損失一筆錢。想學新東西嗎？那就先付清課程費用，要是半途而廢，荷包馬上有感。如果一件事太容易中途放棄，就設下後果，讓它變得沒那麼容易放棄。

工具3：找督促夥伴，不要只是埋頭苦幹

在實現個人目標方面，最強大的助力莫過於督促夥伴了：一個清楚你的夢想、會督促你實踐夢想的人。我們先天就在意他人的眼光，不願讓人失望或違背公開承諾，這種社交壓力出奇有效。此外，來自他人的鼓勵，更是絕佳的正面動力。你可

以善用這些人性特質來鞭策自己。

光是擁有督促夥伴，達成率就能提升至65%。[6] 更驚人的是，和那個人約定具體的追蹤時間，還可以把成功率一舉推升到95%。要是彩券的中獎機率這麼高，誰不搶著買彩券？當然買爆啊！

那麼，督促夥伴關係具體該怎麼體現？有時是找個志同道合的夥伴相互督促。比如，我決定嘗試脫口秀表演時，找了一個目標相同的朋友，一起規劃首次公開表演。

上台前，我們緊張得要命。我不確定我是想吐、想逃，還是想灌自己三杯龍舌蘭酒。但既然都來了，如果他上去表演，我也不能退縮。幸好，我們都表演得不差，觀眾（偶爾）笑了，我們也玩得很開心。但是當初我們要是各自單打獨鬥，恐怕早就臨陣脫逃了，永遠沒機會發現這種樂趣。

後續幾年，我們一起寫新題材、互相排練，甚至常在同一個俱樂部同晚演出。這些方式都成為督促我們持續創作與表演的動力，就算不順遂或遇到阻礙也不放棄。無論是創業夥伴、登山隊友、吃貨同好，還是健身搭檔，找個志趣相投的人同行，他們會幫你達成目標。

單向的師徒關係或教練關係，也能成為強大的督促力量。舉例來說，健身教練就是督促你運動的絕佳人選。想學冥想嗎？找個冥想老師，或甚至是資深學員，都是絕佳的督促夥伴。這些過來人深知學習新技能的艱難，可以在你想要放棄時推你一把。雖然有些要付費，但想想，既然你花了血汗錢買這項服務，那不是更能鞭策你堅持下去嗎？

如果你想要**超強**動力，那就找一個你敬佩的督促夥伴。那會形成良性壓力：你要讓偶像失望，還是寧可打起精神履行承諾？應該是後者吧。

你可以為不同目標找不一樣的督促夥伴。關鍵在於，他們應該要有耐心且支持你，同時也有紀律，願意挑戰你。[7] 要讓督促關係發揮最大的效果，最好固定時間交流，以便回報進度、相互打氣，一起解決難題。

想找到合適的夥伴，不妨大方說出目標，邀請志同道合的人與你聯繫。和朋友、家人或同事聊聊你的目標，很可能會找到志趣相投的人，或幫你介紹有相同目標的人。現在各種興趣都有專屬的網路論壇，所以即使身邊沒有夥伴，幾乎一定可以找到遠距的督促夥伴。

當你把「督促夥伴」、「提醒」、「自訂獎懲」結合起來時，就能打造一個強大的系統來塑造行為，讓人生充滿豐富的體驗。

設定目標時，
不同督促機制的效果[8]

- ✦ 有想法或目標：完成率10%。
- ✦ 下定決心要做：完成率25%。
- ✦ 排入行事曆：完成率40%。
- ✦ 規劃做法：完成率50%。
- ✦ 向某人承諾你會做：完成率65%。
- ✦ 與承諾對象約定好具體的督促方式：完成率飆升至95%！

多方嘗試「投資報酬率不同」的體驗

寶貴的人生體驗相當多元，不分大小，都有其意義。有些體驗容易取得，不需要花很多時間、心力或金錢，例如到大自然中散步、烹煮新料理、享受閱讀時光、去新地點約會、上外語課，或早起看日出。這些體驗的門檻很低，但投資報酬率也低。不過，低回報不是壞事，這類體驗或許不會讓你大開眼界或改變人生，但可以經常進行，長期累積下來也能創造可觀的價值。

另一方面，高回報的體驗需要更大的投入，但回報也更豐厚。這就是體驗的奇妙之處：付出與收穫往往成正比。你付出的努力越多，通常能為你的人生帶來越多的價值。比如，上台表演、跑馬拉松、造訪夢想國度，或是結婚這類大事，都能促進你成長、拓展視野。它們會打破你的生活常態，讓你再次珍惜日常生活中的小確幸。

最理想的狀態，是多方嘗試投資報酬率不同的體驗。若只專注於低回報的體驗，你會錯過那些高回報體驗所帶來的重大成長。相反的，若只追求高回報體驗，又會錯過讓日常生活充滿樂趣的小確幸。要兼顧兩者，有個好方法：用低回報的體驗打基礎，逐步邁向高回報體驗。

我和妻子的一大夢想，是去義大利來一趟美食之旅，結果發現這不是我們獨有的夢想。在人生體驗調查中，我們問道「一生最想實現的體驗」時，「去義大利旅行」是最熱門的答案之一。為了籌備這趟旅程，我和妻子從低回報到高回報的各種體驗著手，最終完成了一次收穫豐碩的旅行。而籌備過程中的每個小步驟，也讓我們體驗了很多小樂趣。（當然，要充分享受這趟旅程，不能只是訂張飛羅馬的機票，然後上網搜尋「義大利最好吃的披薩」就好。）

第一步，我們先把旅程排進行事曆。我們選了9月底，因為那時氣候宜人，夏季人潮和價格也回落了。接著是解決旅費問題，我們辦了一張達美航空的聯名卡，豐厚的開卡禮加上日常消費累積的里程數，剛好夠換兩張機票。光是確定日期和籌措旅費，就讓我們興奮不已，腦內開始分泌令人振奮與期待的多巴胺。

行程確定後，我們開始做夢幻「研究」，亦即透過低回報體驗來幫我們決定，到義大利時要去哪裡、做什麼，最重要的是吃什麼。我們安排了電影之夜，看了《羅馬假期》（*Roman Holiday*）、《生活的甜蜜》（*La Dolce Vita*）、《托斯卡尼艷陽下》（*Under a Tuscan Sun*）等經典電影。接著，在家鑽研義式料理，手工製作義大利麵和披薩麵團，還復刻了我家祖傳的慢燉肉醬（就是老饕說的「週日肉醬」〔Sunday Sugo或Sunday Gravy〕啦）。這些美味又簡單的食譜，材料不貴、製作有趣又省時。過程中，我們也享用了幾杯香醇的義大利葡萄酒。

隨著籌備的進展，我們開始造訪新的義大利餐廳，參加品酒會，並問了很多菜單上的問題。為了能看懂義大利文的菜單，我們開始擴充食物的詞彙，並學習義大利各區的特色食材。接著用語言學習app Duolingo，每天花10分鐘學基礎義大利語（光會說Buongiorno〔你好〕不夠用），還在app上較勁誰學得快，每晚互相比較進度。

這些低回報的體驗，讓旅程的輪廓越來越清晰。我們更清楚知道如何專注於特定興趣，充分利用在那裡的時間，為我們最終的美食天堂之旅增色不少。從親手烹調的美食、品嘗的美酒，到專家和朋友給的建議，全都化為行程規劃的指南。

雖然美食是這趟旅行的主要動力，但我們越深入了解義大利文化，就越清楚這趟旅行要是沒親眼看到西斯汀禮拜堂、羅馬競技場、萬神殿等名勝，沒在納沃納廣場（Piazza Navona）、鮮花廣場（Campo de' Fiori）等百年古蹟品嘗羅馬式披薩，沒向特雷維噴泉（Trevi Fountain）投幣許願，就不算完整。我們的第一站是哪裡呢？西班牙階梯（Spanish Steps）附近的一家精品旅館。我們從那裡出發，探索建築奇觀，穿梭在看似無盡的古老石板路迷宮中，盡情地吸收羅馬市中心的文化魅力與歷史底蘊。

接著，我們跳上火車前往佛羅倫斯，展開下一段旅程，因為所有朋友的推薦中，最模糊但必做的活動建議就是：自己開車穿越托斯卡尼。當初看《羅馬假期》時，我們就愛上片中Fiat 500所代表的經典義大利汽車文化，於是我們在城郊租了一輛同款車，輕鬆地遠離城市喧囂，展開公路冒險。

當然，我們早已根據最想品嘗的美食美酒，規劃好旅遊路線。我們在美國的義大利餐廳嘗遍各種菜色後，發現我們最愛松露料理。因此，當我們得知托斯卡尼的松露最負盛名，便開始研究如何採松露，並預約了行程。來到聖米尼亞托（San Miniato）的15世紀古堡時，主人先詳細講解松露的歷史、產區與採集規範，才帶我們前往林木蓊鬱的鄉間去尋找這些隱藏的珍寶。多虧忠實的松露獵犬巧可，我們的採集任務非常成功，找到當季最大的幾顆松露！我們隨即把這些珍寶交給古堡的主人，讓他們烹調出簡單但極其美味的家常義大利麵（僅以橄欖油和松露醬調味）。天啊！這成了我們這趟旅程中最棒的體驗，真是太好吃了！

在美國參加品酒會時，我們發現最愛的酒是奇揚地酒（Chianti）和其他以桑嬌維塞（Sangiovese）葡萄釀造的紅酒，像是布魯內洛蒙塔奇諾（Brunello di Montalcino）和貴族蒙特布查諾葡萄酒（Vino Nobile di Montepulciano）。這些酒在美國價格不菲，但在產地便宜很多，所以我們特別在蒙塔奇諾和蒙特布查諾各住一晚，並盡可能多帶幾瓶回家，以延續這份美好的體驗。

你看出那些低回報的「研究」如何為我們指引方向了嗎？在我們確定要把多數時間留給托斯卡尼，羅馬只短暫停留後，剩下的就是一步步實現夢想：訂機票、找住宿、租車、預約餐廳和活動等等。

當我們在問卷中詢問那些夢想去義大利的人，為何還沒去夢寐以求的義大利旅行時，許多人回答「不知從何開始」。這正是低回報體驗的價值所在。它能幫你釐清方向，讓繁瑣的規劃過程變得更好執行。任何人都能複製我們的步驟，你可能需要花四個月或兩年，但只要你現在就從簡單的小體驗開始，這趟旅程的輪廓會越來越清晰，你也會越來越期待，並樂在其中。這些準備過程能讓夢想持續鮮活，激勵你繼續累積假期與旅費。

再者，低回報體驗讓你在投入大量資源以前，先以低成本「測試」夢想。萬一你其實沒想像中那麼熱愛義式料理和美酒呢？（哈，怎麼可能！）但這總比買好機票、請好假、滿心期待後才發現來得好。

最重要的是，低回報體驗會讓遠大夢想真正實現時，感覺更加珍貴。一切心血與期待都將放大這次體驗的意義與感動。你會更投入、更興奮，也更懂得品味每個瞬間，因為你親身參與了整個築夢過程。

不行動的代價

每當我回想起離開物流公司後的那段歲月，總忍不住納悶：如果當時我沒有行動，會錯過多少事情？那年我幫助的人會從別人那裡得到援助嗎？我還能經歷那些永生難忘的體驗嗎？我會遇上布莉姬，並一起創立幫助5萬人重獲聽力的LSTN嗎？我會遇到現在的妻子嗎？我有機會去義大利旅行嗎？我會寫下這本書嗎？

答案很可能都是「不會」。想到這裡，不禁心頭一凜。當初那個決定引發的連鎖效應如此驚人，而這一切差點就不曾發生，感覺像閃過一顆子彈一樣。只要我當時猶豫了，這些事情大概會永遠停留在「改天再說」的清單上，最終不了了之。

越早行動，就能越快啟動正向的連鎖反應。每多等待一天，就少一天享受新體驗、自我成長、影響世界的機會。不行動不僅辜負自己，也辜負了與你生命交會的所有人。

再大的夢想，都能拆解成具體的小行動。事實上，這正是成就所有大事的唯一方法。如果你現在不踏出那些小步伐，遠大的夢想永遠不會實現，你不過是「改天症候群」的受害者罷了。

本章的重點不是為了打造無可挑剔的人生，並非要你制定完美的行事曆並嚴格遵守，也沒有要你培養理想習慣並絕不打破，而是要有進展。朝著你想要的體驗，邁出實實在在的步伐，一點一滴地清除那些阻礙你的內心雜音，日復一日地累積珍貴的人生體驗。有些體驗就像遠方的大山，是多年後才能實現的宏大目標。而到達那裡的唯一方法，是一步步前進。你越早啟程，就能越早抵達。

行動指南 從低回報體驗，到高回報體驗

從你的「人生尋寶圖」中選一個高回報的體驗，一個需要投入可觀的時間、精力或金錢的體驗。接著按照以下步驟，盡可能提高夢想成真的機率：

1. 把這個體驗拆解成小巧可行的步驟，越小越好。每個步驟都必須是可執行的具體行動。
2. 把所有的步驟排進行事曆。如果你不確定需要多久時間或何時能執行，先盡量估計一下，之後隨時可調整。
3. 審視第一個步驟：如何讓它執行起來更輕鬆便利？如果沒按時完成，你會給自己什麼懲罰？

4. 為這個高回報的體驗至少找一位督促夥伴，這個人能幫助你專注地朝目標推進。先擬好一份訊息，邀請對方來督促。

5. 構思至少五個能支持這個高回報夢想的低回報體驗。至少把其中一項排進未來兩週的行事曆。

注：歡迎到 ExperientialBillionaire.com 下載或列印本練習的延伸版本，還有免費的體驗指南。

第 6 章

將阻力化爲助力

「你無法阻止浪潮，但可以學會衝浪。」
——喬・卡巴金（Jon Kabat-Zinn）

布莉姬：

剛開始學衝浪時，我先體會到的是大海的反覆無常與毫不留情。你才剛在衝浪板上站穩，開始有信心時，轉眼間就被浪濤捲入海中，像被扔進洗衣機的衣服一樣在水裡翻攪。等你終於掙扎浮出水面，你得先確認手腳還能正常彎曲，然後大口呼吸，感謝那些珍貴的氧氣重新灌入肺裡。

這和現實人生其實沒什麼不同。有時一道巨浪無預警地襲來，將你狠狠擊倒，使你暈頭轉向，喘不過氣。2020年初的我就經歷了這樣的時刻。整整幾個月，我蜷縮在公寓地板上啜泣，不明白一切為何瞬間天翻地覆，拼命想找個安穩的地方讓我站穩腳跟。

這一切是從結束一段五年的感情開始。我們原本在舊金山共同生活，他有孩子，我們養了寵物，所有的社交活動都是以我們的兩人世界為中心。但分手後，這一切瞬間化為泡影，我搬回了洛杉磯。

就在新冠疫情爆發、即將封城的前夕，大家陷入恐慌。有人死去，有人戴著橡膠手套取信，用酒精噴灑買回來的蔬菜。有人穿著防護服去銀行，卻還是有人在電梯裡對著我咳嗽。身心的痛苦隨處可見，而且一切混亂得要命。

這一切就像海嘯一樣朝我襲來。分手後，我迫切需要社交活動來轉移注意力，但在疫情期間，這根本是天方夜譚。更糟的是，疫情讓LSTN的業績腰斬，連帶我們的薪水也跟著減半。我們不得不裁掉那些共事多年、情同家人的員工，連合作的慈善機構也被迫暫停運作。喬被困在中東，他和妻子帶著新生兒去探望岳父母，結果還沒回來就遇上封城令突然降臨。而我剛搬進的社區，因為太多人失業，幾乎一夕間變成了犯罪溫床。我的新家被闖空門好幾次，而且就發生在我失去工作保障，還花了不少錢重新添置家具以後。

我生命中所有重要的依靠，都在一夕間被連根拔起：最親密的感情、居住的城市、旅行的自由、朋友的社交互動、人生目標、人身安全，還有經濟來源。這一切同時分崩離析，而我的身心狀態也隨之崩潰。

那段時間，我整個人糟透了，暴瘦近10公斤，因為根本食不下嚥（我平時可是把美食看得比命還重要的人）。失眠成了常態，對任何事情都提不起勁。每天唯一的期盼，是晚上能縮回被窩裡，前提是白天有下床的話。

某天，我在洛杉磯新住處悶悶不樂地拆箱時，意外發現一只特別的抹茶碗。幾年前去日本旅行時，我曾花上一天學習武士文化。武士體驗結束後，有一場傳統的茶道儀式。我捧著這個美麗的瓷杯時，注意到上面有一些不規則的金色線條。

我詢問這個特別的細節時，老師解釋了「金繼」（Kintsugi）這個日本哲理，指把破碎與修復視為物品歷史的一部分，而不是需要掩飾的缺陷。日本修復破碎陶瓷的古老技藝，就是一種金繼的具體展現。與其丟掉破損的物品，或修補得看不出痕跡，不如用金色金屬來填補裂痕，讓破損處更加顯眼而不是隱藏起來。

聽著武士老師的解釋，我當下就對這個哲理產生了共鳴。這完美詮釋了一個概念：人生中的錯誤、破碎與風暴，其實都能產生美好的效果，不該掩飾或拋棄，而是應該正視與展現出來。這給了我一記當頭棒喝：無論好壞順逆，每段經歷都能成為養分，人生沒有白走的路。

在那個痛苦的時刻，那只茶杯並沒有神奇地讓一切好轉，但它提醒了我：那些負面經歷，終將成為生命故事中的無價篇章。正因為遭到徹底的摧毀，我才意識到那是浴火重生的最佳時機。事實上，相較於過去那些有趣、刺激、環遊世界的經歷，這段戰勝憂鬱、找回心理健康的歷程，才是我人生中最寶貴的經驗。

你的人生，是趟英雄旅程

「你人生中最寶貴的經驗是什麼？」

我們在調查中提出這個問題時，有三分之一的受訪者描述的，是當下帶來痛苦的負面事件。以下是一些例子：

- 「無家可歸、露宿街頭的經驗最寶貴。它教會我，無論如何都不要放棄，就算全世界與你為敵，也要堅持下去。」

——費城的安德列

- 「我媽罹癌讓我明白生命有多脆弱，從此改變了我們的母子關係，以及我看待時間的方式。」

——拉斯維加斯的羅伯

- 「以前我有毒癮，那段經歷讓我對其他人更有同理心。現在我專門幫助那些有相同問題的人戒毒。」

——朱諾的茱莉亞

- 「離婚是我最寶貴的經驗。若非如此，我可能一輩子都活不出真正的自己。我被迫獨自面對一切，現在我過得比以前更好。」

——澳門新濠影滙的布芮妮

- 「我原本以為之前的工作是『對的』，遭到裁員反而成了最寶貴的經歷。它讓我重新審視人生，發現我當初只是為了滿足父母的期待而踏入那一行。現在的新工作讓我快樂多了。」

——亨德森的博

當我們思考人生經驗的價值時，大家習慣把焦點放在正面的事情上，例如旅行、完美的約會、美食，或得獎的瞬間（雖然只是參加獎，但還是很開心）。但真正觸動人心的故事，很可能是辛苦、甚至痛苦的經歷。

這很合理。你上次看到一部精彩的電影或讀到一本好書，但內容完全是美好無憂的情節是什麼時候？當然從來沒有。這樣的故事有什麼意義？根本沒有讓你緊盯著不放的魅力。

試想這個故事：「今天醒來，一切都很棒！我睡得很飽，吃了一頓美味早餐，度過完美的一天，一切順遂，毫無挑戰。事實上，我的願望都實現了！」

打哈欠。聽起來是很棒的一天，但這個故事無聊透了，毫無樂趣可言。除非遇到麻煩，否則沒有人在乎故事裡的美好事物。如果人生從來沒有低潮，你還會對美好的事物心懷感激嗎？

人生的意義不在於活成一個美好的故事，但某種程度上，我們確實是在譜寫自己的傳奇。因為所有精彩的故事裡，那些讓人產生共鳴的角色總是歷經重大挑戰後才成長。這就是所謂的「英雄旅程」（hero's journey），是推動所有精彩故事的架構：有缺陷的主角遇到危機，克服重重困難達成目標，最終脫胎換骨。[1] 這並不是說成長一定要經歷撕心裂肺的痛苦（我也不希望你遇到這種事），但艱難時刻往往能逼我們大步邁向最好的自己。

人生不會永遠按計畫進行，這是無法逃避的現實。滿懷期待卻換來失望、感情變質、意外、疾病、天災降臨、生意失敗。隨便問個老人，這輩子是否一帆風順，保證你一定會聽到一堆故事。

但長遠來看，負面經歷未必全是壞事。我很喜歡的一個寓言正好說明了這個道理。

老農的駿馬在比賽中獲獎了，鄰居前來道賀，但老農說：「禍福難料啊！」

翌日，小偷偷走了這匹值錢的馬。鄰居前來慰問，老農依舊說道：「禍福難料啊！」

幾天後，這匹烈馬從小偷那裡逃脫，還帶回一群野馬。鄰居又來道賀，老農還是那句：「禍福難料啊！」

隔天，農夫的兒子在馴服野馬時摔斷了腿。鄰居前來慰問，老農的態度依然如故。

一週後，軍隊路過當地，強行徵召士兵上戰場，但農夫的兒子因無法走路而沒被帶走。這時鄰居才恍然大悟：原來真是禍福難料啊！

然而，我們卻花了大量時間和精力，去避免所謂的「壞事」，即任何可能帶來不適的狀況。

現代社會太在意舒適與否。我們窩在沙發上叫外送，讓人把美食送到門口；我們一邊看串流節目，一邊滑社群媒體；整個晚上最大的運動量，是從沙發挪移到床上。無論是生理上或心理上，我們都不想踏出舒適圈，並把不適視為糟糕的體驗，總是幻想能毫不費力地得到想要的一切。

問題是，舒適圈之外有太多的價值和成長機會。安於現狀就是限制你的人生。不只限縮了你能做的事，也局限了你可能成為什麼樣的人，以及你對世界的影響力。我不是建議你自討苦吃，但如果你一輩子都在逃避不適，你也錯過了創造富足人生的機會。

我們先談身體上的不適。想要體驗精彩的人生，你不必成為克難的探險家。但事實是，許多最精彩的體驗往往需要付出體力。世上最迷人、最壯觀的景點，通常無法輕易抵達，可能要經歷長途飛行、顛簸山路、艱難徒步，或是暈船想吐的航程。你得付出代價，才能獲得無價的回憶。

我和朋友開車環繞冰島以追尋極光時，整整八天在酷寒狂風中穿越險峻地形。等到我們終於目睹極光，我激動得熱淚盈眶，放聲尖叫，看著絢爛的色彩在天空中舞動，驚嘆於地球的奇妙。我這輩子從來沒見過更絢麗的景象。那晚的記憶永遠烙印在我腦中，我從不記得也不在意先前所有的不適。事實上，我寧願一次又一次地踏上那趟旅程，也不想舒舒服服待在溫暖的豪華度假村。

看不到極光也能照樣過日子吧？當然可以。不登山、不去珊瑚礁潛水、不探訪洞穴、不體驗飛翔、不在星空下露營，照樣能過日子。你可以永遠不挑戰身體的極限，整天窩在恆溫房間的軟沙發上。但這樣的人生，會錯過這個世界裡裡外外那麼多美好的事物。

情感和心理上的不適感，也是同樣的道理。逃避這些感受，就等於錯過隨之而來的美好，像是突破困境後的成就感。或甚至是，害怕心碎而不敢愛。這也是為什麼我喜歡說我像寄居蟹，牠們總是願意拋棄舊殼，即使暫時處於脆弱狀態，也要尋找更大的新殼來成長。我們人也一樣，勇於面對改變、捨棄不再適合的習慣、觀念或環境，就能獲益。擁抱改變、掙扎與脆弱，可以帶來個人成長、新體驗和更充實的人生。

無論是寄居蟹還是人類，待在舒適圈裡都可能暗藏危機。回想那些你為了安逸而將就的感情、租約或工作。如果當時你願意冒險接受不適，現在的人生會不會更精彩？

人生壓得你喘不過氣？來個新體驗吧

在我陷入憂鬱的低谷時，根本無心思考這些困境會為我的人生帶來什麼轉機。畢竟，經歷痛苦時，最煩的事莫過於旁人說：「你會沒事的！開心點！時間會療癒一切！」這些話根本毫無助益。

真正有用的是什麼？答案是，行動，也就是去經歷。

這才是最終把我拉出深淵的關鍵。當時的我跌到谷底，真的很害怕自己會變成什麼樣子。就在那一刻，我意識到反正我已經退無可退，一無所有。如果想再次快樂，就必須做點不一樣的事。

我從小事著手。每當我想躲回床上時，就選擇另一個比較健康的活動：去公園散步、閱讀、騎腳踏車、下廚。甚至連洗澡、打掃房間等小事也有幫助。這些行動或許微不足道，但它們打破了我消極沉浸在痛苦中的固定模式。

這種改變之所以有效，是因為「行為會滋養情緒」。這其實是一個循環：情緒影響想法，想法影響行為，行為影響經歷，而經歷又會回過頭來影響情緒。這個循環往往會不斷地自我強化。研究顯示，人每天產生的6萬個念頭中，約九成是重複的。[2] 我們容易陷入既定的模式，而這些模式會讓我們的生理狀態、神經迴路、神經化學、神經荷爾蒙，甚至基因表現都卡在惡性循環中。

這些小行動開始把我的情緒推向新方向，尤其我持續這樣做時，差別日益明顯。例如，有個新的日常習慣大幅改變了我的心情：每天配合日出日落做簡單的感恩練習。這樣做強迫我起床，外出遛狗，並在黃昏時專注思考生命中尚存的正面事物。這個習慣不僅調節了我的睡眠，讓身體更健康、更有活力，也成為我每天最期待的事情。現在我依然維持這個習慣。

這些小行動之所以重要，是因為當時的我根本無力做更大的事情。但當我選擇散步、而不是躺下來陷入負面思緒時，我感覺好了一點。至少我能為「走出家門」這件小事，給自己一點鼓勵。一點一滴地，我逐漸重拾追求更大目標的精力與渴望。

痛苦無法避免，但要不要受苦是可以自己選擇的。隨著我把注意力從苦難轉開，新體驗變成更強大的力量。我嘗試魚叉獵魚、在海濱的木板道上溜直排輪等刺激的活動；也體驗了畫畫、寫詩、烘焙咖啡豆等靜心的活動。我開始烹調旅行時吃過的美食，從簡單的入手，例如東京Lawson便利商店的雞蛋三明治、倫敦Dishoom餐廳的印度奶茶；接著，慢慢挑戰高難度的東西，比如從可可豆開始做巧克力，甚至自製風乾火腿。

隨著防疫限制逐漸放寬，我很高興看到身邊的好友也熱衷地嘗試各種新鮮事，像是紮染衣服、自學壽司捲、舉辦四子棋（Connect Four）比賽、自製發酵辣醬和泡菜，甚至半夜溜去威尼斯海灘（Venice Beach）在發光的海浪中游泳。疫情固然帶來許多陰霾，但看著大家與所愛的人共同探索新事物，彷彿是黑暗中的微光，讓人瞥見生活該有的模樣。

這些新鮮體驗自然地刺激我的身體分泌血清素和多巴胺（這些都是讓人感覺良好的荷爾蒙），暫時把我拉出憂鬱的深淵。新奇感迫使我專注於手上的任務，讓我無暇沉湎過去或擔憂未來。每當我完成某項新嘗試時，那也幫我累積了信心與勇氣。

我的親身體驗完全符合科學研究。[3] 證據顯示，光是嘗試新事物，讓自己更活在當下，就能刺激及活化大腦中改善情緒的區域。所以，下次當你覺得人生壓得你喘不過氣時，就放下遙控器，去嘗試你沒做過的事。這樣做並不容易，但確實有效。

一念轉，天地寬

不過，重點不只是把注意力從負面經歷轉開，更重要的是從中學習，讓這些經歷成為人生中有價值的篇章。

所以，好好剖析我自己、那些念頭、那些過往行為的時候到了。我下定決心，要把負面想法轉成正向思考，這樣才能真正走出痛苦。我知道，快樂取決於內在狀態，只有我自己能改變我人生故事的結局。

我做了從未想過的決定：尋求心理諮商，生平第一次完全卸下心防。過去我總是拒絕尋求治療，不願承認我有這些行為模式與問題，因為我總覺得，相較於我在開發中國家遇見的那些人，我根本不配獲得幫助。身為美國人，我甚至覺得過度關注自己的心理狀態很矯情。顯然，我錯了。而且，「比較」誰的創傷更值得受到重視，根本是一場必輸無疑的遊戲。長久以來，忽視自身問題，最終導致我與他人的關係以及我與自己的關係全面崩解，釀成這樣的局面。

於是，我騰出時間與空間來正視我的心魔，剖析過往的處事模式，看清行為背後的真相，並為後果承擔責任。我認真思考哪些是我能控制與不能控制的。我無法挽回已經結束的感情，但我能掌控未來如何因應類似的情況，以免重蹈覆轍。

在遭遇闖空門和分手的雙重打擊後，我需要找個能安心療傷的地方，遠離那座危險不安的都市叢林。雖然控制不了社區日益惡化的治安，但我**可以**搬到更寧靜的環境。以前我老是把「**有朝一日**我想住在更接近大自然的地方」掛在嘴邊，如今最壞也就這樣了，不如一試。於是，我在洛杉磯北邊的濱海地區找到新住處，空間比較小，但租金差不多。而且，這裡的環境徹底改善了我的心情、健康，最終改變了我的生活方式。搬家很累人，但為了住在被海水、樹木、陽光、岩石、動物包圍的地方（一個有助於療癒、而非破壞復原的地方），一切辛苦都是值得的。

我去了當地的超覺靜坐（transcendental meditation）中心，學習如何平靜心靈。開始大量閱讀關於依附理論、愛的語言、高特曼療法（Gottman）、認知行為療法（CBT）、九型人格（enneagrams）等書籍。這些從未接觸過的理論模型，幫我更了解自己。我寫下了內心所有的歉疚與遺憾，對我傷害過的每個人道歉。

這段療癒之旅進行一年半後，我去加州佩塔路馬市（Petaluma）的霍夫曼學院（Hoffman Institute），參加了為期一週的靜坐內觀療法（introspective therapy）密集課程。這段經歷讓我對自我認知產生了前所未有的改變。我這輩子從未有這樣的經歷：前一天還因悲慟而嚎啕大哭，隔天卻像孩子般歡樂。沿著五號州際公路開車7小時回家時，沿途盡是牛群與看似缺水的作物，往常這種景色往往令人昏昏欲睡，但此刻我的世界卻好像突然從黑白變成了彩色。當我意識到我終於跨過人生的龐然障礙時，我深深感受到自己真實地活著，無比自在。

和多數人一樣，正視所有問題讓我非常難受。短期來看，忽視它們、麻痺自己、重複過去的所有模式，會比解決問題輕鬆很多。畢竟，這輩子我一直都是這麼做。但這次，我選擇把痛苦轉化為學習與成長的機會，而這改變了一切。如今回顧過往，那段日子不再是我人生故事的汙點，而是讓我變得更健康快樂的關鍵轉捩點，為更光明的未來鋪路。

從記憶銀行提領快樂

回憶是你投入經歷所獲得的回報。它們讓你重溫美好時光，可以徹底改變你當下的心境。

我最低潮時，翻遍手機相簿，把最快樂的回憶整理成一個資料夾。我找了便宜的沖印網站，把那些照片沖洗出來，貼在公寓的一面小牆上。這些懷舊時光避免我沉浸在痛苦中。每當情緒低落時，照片總能讓我重展笑顏。

懷舊是一種複雜的情緒，混合了快樂的回憶以及對過往的眷戀，往往因氣味或音樂等感官刺激而觸發。這是幾乎每個人都有的共同體驗，懷舊的對象也會隨著人生階段而改變。雖然18世紀曾把懷舊視為疾病（真是瘋狂！）但研究證實它其實是對抗不快樂的防禦機制。[4, 5] 懷舊可以喚起正面記憶，因而強化社交連結、改善情緒、提升樂觀程度。事實上，研究發現，誘發懷舊感甚至能減輕存在焦慮，提振精神生活。

照片和小紀念品（比如我的抹茶碗），能讓我們重溫重要的時光，尤其是在需要培養感恩之心的時候。這是我們實體的記憶銀行，可惜它們往往埋沒在手機、電腦或儲藏裝置中不見天日。你可以花點心思整理這些回憶，並展示在生活空間中。好好保存這些回憶，有一天這些回憶可能拯救你。

度過這段低潮期的有效方法之一，是列出我經歷過最糟的事。這些回憶提醒我，儘管我以前吃過這些苦，但我依然撐過來了，人生終將會雨過天晴，苦盡甘來。這幫我看到隧道盡頭的光明。就像我之前遭到裁員後，反而因禍得福搬到加州，找到新工作。一項重大的商業合作案破局，卻意外拯救了我們的公司。有些最慘痛的經歷，最後變成寶貴的教訓或人生轉機，有些甚至變成茶餘飯後的笑談。

就像那次我進警局的經歷。

你們已經聽過我如何靠說謊，騙到唱片公司的無薪實習機會，還有我如何拼命爭取到年薪2萬美元的郵件室工作。你們也知道，當我發現我不僅在音樂圈站穩了腳跟，還能領薪水、不用再輪流借住朋友家及偷公司的衛生紙時有多興奮。

但我高興得太早了。不到兩週後，我連第一份微薄的薪水都還沒拿到，就遇到了衰事：我在公司的停車場入口等紅燈時，身後響起所有窮人做惡夢都會夢到的聲響：警笛聲。紅藍光閃爍著，我那輛快報廢的破車被警察攔了下來，而且就在我們公司那個大型會議室的窗戶前……偏偏那時又是週二早上9點，是全體員工每週開會的時間。

全公司的同事都目睹了我被壓上警車、戴手銬、塞進警車後座、押送警局的整個過程。幾個月前，我因未成年飲酒而被開罰單，但我既不想付那筆罰款，也付不起（當你窮到連辦公室的衛生紙都要順手牽羊時，繳罰款絕對排不上優先事項）。

而且我連固定住處都沒有，根本收不到法院傳票。

但政府可不這麼想。由於我沒繳罰款，他們發出逮捕令，還吊銷我的駕照。再加上我的車牌也過期了，所以警察才會攔我下來。

我在冰冷的拘留室裡來回踱步，心情越來越絕望。我向每個能想到的神祈禱，希望老闆不會把我看成不負責任的太妹，讓我保住那份夢寐以求的工作。我覺得整個未來都岌岌可危。

我根本湊不出保釋金，只能枯等。照規定，我只能從拘留所打一通電話出去，於是我打電話給老闆請假，卻沒人接。語音信箱的開頭還先播放預錄提示（「這通電話來自底特律監獄」），之後才讓我留言說今天不能上班。實在太扯了！

我就這樣在拘留所的長椅上坐了整整一天一夜，努力不去理會獄友蓉達詳細描述她是怎麼失去兩根手指的。她也不知道我該怎麼出去、保住夢想工作、領回被拖吊的車子，避免多年心血付之一炬。

我知道我那幫窮朋友根本拿不出錢，更不敢告訴父母（雖然他們現在應該已經知道了），於是我想出一個「妙計」：索性連最後的臉都不要了，直接開口向新老闆求助，請他保釋我出去，這樣我明天就能準時上班了。反正他已經知道我在哪了，不是嗎？我拼命說服他，保證一定會還錢，因為他可以直接扣住我前幾個月的薪水。

雖然在拘留所裡差點因壓力太大而心臟病發，但一切居然照常運轉。出乎意料的是，同事也沒有認為我不適合那份工作，反而把這事當成辦公室的趣談：那個19歲的收發室職員為原本無聊的員工會議增添了樂趣。能保住飯碗，當個笑柄也算值得。幸好這種事在音樂圈根本排不上丟臉排行榜。如今長大後回想起這件事，我也和當年的同事一樣，覺得整件事很好笑。現在我自己當了老闆，保證會幫員工保釋，把這份善意傳下去。

別和自己過不去，事情總是會過去

沒有人想追求痛苦的經歷，但誰都免不了會遇上。這些遭遇是讓人生豐富的必要元素。

有時，看似世界末日的事情，到頭來反而是最好的安排。

或者，就只是蹲了一天一夜的拘留所罷了。

行動指南

唯一的出路，是走過去

把負面經歷，轉化為人生養分

我們總以為，人生若是一帆風順，充滿歡樂與充實的體驗，肯定會更美好。但我們心底都明白人生的真相：那些痛苦與艱難教會我們的道理，是無法以其他方式學到的。人生最好的導師，是失敗、背叛、貧窮、錯誤、心碎、拒絕、時間與歷練。這個練習能幫你把負面經歷重新詮釋為正面回憶，或至少轉化為值得銘記的一課。

1. 在一張紙上畫三欄。第一欄寫下一個負面經歷。

2. 在第二欄寫下當時的真實情緒。

3. 在最後一欄，寫下你現在如何看待這段經歷，以及你從中獲得什麼：學到的教訓、衍生的趣事，或因此得到的正面經歷。

有些經歷注定無法從中感受到正面意義，像是失去家人或寵物。面對這類經歷時，不必勉強尋找所謂的教訓或收穫，可以試著寫下：與他們共度的時光為何如此珍貴，以及這段經歷如何讓你變得更堅強或更有智慧。

掌控，還是放手

若你正經歷人生低谷，這個練習能幫你逐步解決問題並從中學習。

1. 鎖定一項當前的負面處境，可能是財務（「沒錢去想去的地方旅行」）、健康（「背痛使我無法打籃球」）、家庭（「同時照顧孩子和年邁的父母，令我心力交瘁」），或任何讓你喘不過氣來的狀況。

2. 導致這種情況的因素中，哪些是你無法直接控制的？例如天氣、經濟、他人的感受與決定。把它們寫下來，專注看這個清單一會兒。針對每個項目，花點時間閉上眼睛，深呼吸，承諾不再為此擔心。為無法掌控的事情煩惱，只會傷害你，徒增不必要的壓力，並讓你無法專注在你能掌控的事情上。現在就放下這些東西。

3. 哪些因素是你可以掌控的？你可以做什麼來改變這種情況，或讓自己脫離這種情況？其中哪些事情是你今天就可以做，或現在就可以做的？去做吧，或至少把它排進你的行事曆。

注：到ExperientialBillionaire.com下載或列印這個練習的延伸版本，以及免費的體驗指南。

PART III

活出屬於你的豐盛

Build Wealth

第 7 章

人脈複利

「人生中最值得緊握的是彼此。」

——奧黛麗・赫本

喬：

「你想不想送出100萬美元？」

我握著電話，心裡暗想，這肯定有什麼蹊蹺。畢竟，我當時連100萬美元的邊都摸不到。但電話那頭的人，這一年來已從商業夥伴變成摯友，所以我還是繼續聽了下去。

他們隨即說明了這個提議的細節：原來他們邀我擔任那年

「芝華士社會企業大賽」（Chivas Venture）的四位評審之一。這場比賽將無條件資助世界各地有社會使命的企業，而那100萬美元的資金，是由他們出資，交由我們四位評審來分配。「當然要！」我二話不說就答應了，緊接著追問另外三位評審是誰。

他們隨口念出幾個名字：保樂力加集團（Pernod Ricard，這家市值百億美元的公司正是芝華士的母公司）的執行長亞歷山大・力加（Alexandre Ricard）；喬治城大學畢克社會影響力與創新中心（Beeck Center for Social Impact and Innovation）的創始執行董事及白宮的社會創新辦公室主任索娜・夏（Sonal Shah）；好萊塢的一線女星兼社會運動家伊娃・朗格莉亞（Eva Longoria，這名字應該不用多介紹了吧）。

我當場愣住。能和這三位名人並列評審名單，是莫大的榮幸。我在LSTN公司掛的「正能量總監」頭銜，和他們的非凡成就相比，顯得微不足道。於是，我直接問了這個顯而易見的問題：「為什麼選我？」他們說，過去十年我深耕社會企業的經驗，讓我擁有獨特的見解，這很寶貴。但我知道，有這種資歷的創業者多的是，而且很多人是在規模更大、更知名的組織任職。

那麼，為什麼這種絕佳的機會會落在我頭上？說到底，關鍵在於兩個字：人脈。

這一年來，我們從最初洽談促銷商品的合作，逐步發展成LSTN與芝華士的全面品牌合作，為我們的慈善夥伴募集資金並提高知名度。我們不僅在精品店、機場免稅店、好市多銷售了數百萬組限量版的威士忌禮盒，更運用威士忌酒桶的橡木條，手工打造高級的唱片播放櫃，並攜手Spotify推出專屬的「聆聽」公益活動。每售出一組商品，每一次的音樂串流播放，都直接轉化為流向斯達克聽力基金會的捐款。為了提升活動的知名度，我們在比佛利山莊和倫敦舉辦聯合活動，現場特別調製了一款名為「蜂蜜騎士」的限定雞尾酒。這款酒的靈感是來自布莉姬喜歡的威士忌加薑汁調飲，以及我最愛的龍舌蘭酒。不知道為什麼「擁有一款以我們命名的專屬調酒」這個念頭，以前不曾出現在我們的人生願望清單上。

為了替這次合作製作宣傳素材，我們與芝華士團隊在蘇格蘭共度了一週。我們都住在林恩莊園（The Linn House），那是一棟鬧鬼的19世紀蘇格蘭貴族宅邸，坐落在艾斯拉河畔（River Isla）。在那裡，我和布莉姬為他們的大型平面廣告與看板廣告擔任模特兒（未來若有威士忌廠商需要找模特兒，請直接聯繫我的經紀人）。但他們不只拍照而已，而是帶我們沉浸在那個世界裡。

在蘇格蘭高地歷史最悠久的史翠艾拉酒廠（Strathisla distillery），我們向首席釀酒師學習釀造工藝。傳統製桶師傅示範了製作及修復威士忌木桶的技藝，手法和幾百年前幾乎一樣。我們穿上安全裝備，跟在大師旁邊學習。他們教我們如何使用木槌和楔子等傳統工具，以及如何把重新組裝好的橡木桶，滾向熊熊燃燒的炭火去燻烤。在有數百年歷史的陰暗潮濕地窖裡，我們品嘗了從陳年橡木桶直接取出的原酒。我們也換上了傳統的蘇格蘭裙，在悠揚的風笛聲中感受道地的蘇格蘭風情。餐桌上，我們享用了美味的哈吉斯（haggis），這道特色料理是將羊雜（心、肝、肺）剁碎後，混合洋蔥、燕麥、羊油和香料，再裝入羊胃中烹煮成鹹食布丁。他們用傳統歌曲（加上許多戲劇性的表演）來向我們介紹這道菜，歌名貼切地叫做〈哈吉斯頌歌〉，有幾句歌詞讓我們笑成一團（例如「布丁界的偉大酋長」），我對哈吉斯的印象從此徹底改觀了。

最終，這次活動非常成功。我們把收益全數用來贊助多明尼加的慈善聽力活動。這次輪到我們帶芝華士團隊走進我們的世界了。我們親自走訪聖多明哥和聖地牙哥一週，一起幫數千人重獲聽力。我們驚嘆地看著5歲的小男孩羅伊內德的轉變。他從出生就幾乎聽不見任何聲音，但戴上助聽器後，短短幾分鐘內，就開始以前所未有的方式交流。11歲的艾斯特法妮也讓我們感動，她在幼兒期失聰，當恢復聽力時，我們都忍不住和她一起落淚。臨別前的那個早晨，當地報紙的頭版刊登了我們的照片。畫面中的我們正為一個面帶微笑的男孩配戴助聽器，每個人臉上的笑容都很燦爛。

這一整年來，我們一起經歷了無數深刻又珍貴的時刻，此刻為雙方的合作畫下了完美的句點。我們建立的不僅是典型的商業往來關係，更是超越尋常的夥伴情誼，彼此信任，惺惺相惜。所以當「芝華士社會企業大賽」需要挑選第四位評審時，他們選了我，而不是其他更知名的企業家。

這讓我想起布吉納法索的一句非洲諺語：「一個人走得快，一群人走得遠。」

這個道理，我早已深有體會。

高中時，我之所以能夠徹底改變人生，是靠那些從小就認識我的親近朋友和家人的幫助。當時我說我真的想改過自新、重返校園，他們相信了我，並給我需要的支持。至今我仍相信，若沒有他們，我絕對做不到。

後來我與童年好友一起創立服裝物流公司，他也是我高中畢業後少數還有聯繫的摯友。我們共同經歷過無數刻骨銘心的時刻，無論是好是壞。我們都曾有糟糕的起點，遠離所有熟人，拼命想闖出一番事業。即使平時不常聯絡，但我們總會在彼此最需要時出現，例如他30歲中風時，我二話不說，就放下一切去照顧他和他的家人。所以我們對彼此完全信任，成了生死之交。要是沒有這層關係，他不可能把有限的積蓄拿出來作為我們的創業資本。

我爸過世後，我萌生轉行的念頭，商界的朋友為我指引了方向並提供支持。這些情誼是我花了十年時間，參加各種秀展與活動建立起來的關係。雖然我們不常見面，但那些在異鄉並肩闖蕩的瘋狂經歷，讓我們親如家人。若沒有他們的相助，結局恐怕會截然不同，而且不會是什麼好的結局。

如今，當我和布莉姬著手撰寫這本書時，同樣仰仗那些在這個領域已有經驗的朋友鼎力相助。他們的寶貴建議與指導，讓我們的進展比獨自摸索快了好幾年。

身邊的人一次又一次地拉了我一把，帶我走得比獨自一人更遠。而這些深厚的情誼，都是在共同經歷中一點一滴累積起來的。

總之，深刻的共同經歷可以培養出穩固的關係，而穩固的關係又會帶來更豐富的人生體驗。

培養關係需要付出心力，收穫往往與投入成正比。這絕對值得投入時間和精力，因為我們是透過這些關係，找到意義，獲得支持、成功與滿足。從這個角度來看，用心經營社交生活，其實是一種重要的自我關懷。接下來，我們將探討如何運用各種經歷，來為你與自己、親友、同事的關係創造更多快樂與連結。

做自己最好的朋友

剛剛才說經營社交生活很重要，現在卻要談你與自己相處的重要性，這聽起來似乎有點矛盾。

沒錯，但另一個事實是：你是你生命中唯一不變的陪伴。俗話說得好：「走到哪裡，你都與自己同在。」我們永遠無法逃離自己（無數人嘗試過，但都失敗了），人生也難免會有獨處的時刻。如果你不喜歡自己或不愛獨處，這些時刻只會倍感煎熬。

若你與自己的關係很脆弱，很容易不斷地向外尋求認可來填補空缺。這種一味**索求**愛的狀態，反而會阻礙你**付出**愛，而「付出」正是建立健康互惠關係的關鍵。

愛自己，才是健康去愛他人的第一步。但有時「愛自己」、「相信自己」比聽起來更困難。我們常陷入比較的陷阱：拿自己的幕後花絮，和別人精心剪輯的精彩片段相比。坦然面對缺點是好事，但是如果你總是苛責批判自己，只會帶來傷害。

這種問題的唯一解方是：別把自己看得太重。

事實上，多數人根本無暇關注你，他們更在意的是自己。乍聽之下這或許令人沮喪：「什麼？沒人在意我？」但轉念一想，這反而讓人解脫，從此海闊天空。

當你開始否定自己或質疑自己的能力時，可以自問：「我是否對自己太苛刻或過度批評了？我會這樣評論朋友嗎？我能容忍別人這樣說我嗎？」答案通常都是否定的。

你應該挺自己，以自己為榮，好好愛自己。因為你與自己的關係，在很多方面都是你所有人際關係的根基。

你不會帶你不喜歡的人去參加派對。人生就是一場派對，唯有先學會愛自己，才能自信登場，樂在其中。一旦你能以自己喜歡的樣子去經營每段關係時，這些關係自然會更好。

那麼，如何更貼近自己？騰出時間好好地獨處。最好的方法是什麼？獨自嘗試的體驗。這些體驗能幫你了解你是誰，以及想成為什麼樣的人；讓你在不受他人影響下，發現自己真正的好惡。最重要的是，這些認知會幫你珍惜獨處的時光，成為你自己最好的夥伴。

每當妻兒不在家時，我常獨自看電影、逛博物館、欣賞藝術展，或參加本地的音樂會。我也上過莎莎舞課程、射箭課、烹飪班，甚至一個人去打保齡球。年輕時，我總覺得獨自做這些事情要不是孤僻，就是怪異，但我不再擔心別人怎麼想以後，現在超愛獨自去公開場合。

若想低調些，有許多比較私密的活動可以嘗試。比方說：探索新的單車路線、在咖啡館裡看書、造訪動物收容所，或者是嘗試新食譜（或自創一道菜）。我有一輛老式的凱旋重機

（Triumph motorcycle），我最愛的獨處時光，就是週日清晨獨自騎著它，馳騁在馬里布峽谷（Malibu Canyon）的蜿蜒山路上，任思緒飛揚（順便釋放內心的詹姆斯．狄恩魂〔James Dean，按：英年早逝的傳奇影星，形象叛逆不羈。他在電影《養子不教誰之過》中，紅夾克、白T恤、緊身牛仔褲的造型，更定義了重機騎士的時尚〕）。

想要更低調嗎？如果你想更了解某個人，可能會跟他好好聊聊。但假如你想更了解的人是自己，別人看到你自言自語，恐怕會投以異樣眼光。幸好，我們還有寫日記這個選擇。沒有什麼比解讀（或書寫）心聲更能認識自己了。你能釐清思緒，用不帶偏見和干擾的濾鏡聽見真心話。最棒的是，你完全不必擔心被評斷。我從20幾歲開始寫日記，至今仍每天從中獲得新體悟。你不妨試試看，相信你也會更認識自己。

有時獨處反而是最好的選擇。不必等人、不用協調行程、無須妥協，更不必擔心同伴玩得開不開心。你可以做自己想做的事，完全按照你的想法，隨時投入，盡情享受，無須在意他人的眼光。在這種情況下，硬要找人同行（尤其是對該體驗興致缺缺的人），反而會掃興。我並非鼓勵你變成自私鬼，只圖自己方便就撇下親友，萬事獨行。我只是希望你別因為「找不到伴」，而放棄真正想做的事。

若想來一場終極的自我探索之旅，不妨規劃一趟獨自旅行。距離不用太遠、天數不必太長，重點是給自己一段獨處的時光。這樣你就能真正做自己想做的事，不會有熟悉你的人在旁邊影響你的決定。

不過，別以為獨旅就一定能享受獨處。諷刺的是，雖然多數人怕獨自旅行是因為擔心無聊或寂寞，但這種旅行的結果通常恰恰相反。我們都聽過在旅途中邂逅知己或結識新好友的故事，那是因為獨旅者特別容易吸引好奇的陌生人，你甚至不需要煩惱如何開啟對話。只要在酒吧、大廳、公園長椅等公共場所保持開放的姿態，自然有人來主動攀談。他們想知道你在那裡做什麼，想讓你感受當地的熱情。你永遠不知道一段隨意的對話會帶來什麼，說不定只是隨口聊聊，也可能促使對方邀你一起去體驗某些事情，甚至開啟一段新友誼。這聽起來很老套，但有句諺語說得好：「陌生人大多只是尚未結識的朋友。」

這些萍水相逢的人回應你或欣賞你的方式，往往與你的親友截然不同。有次巴黎之行讓我深刻地體會到獨旅與結伴旅行的差異。我和妻子雅絲敏原本打算婚後在巴黎待兩個月，但因為其他的安排，她得晚幾天才與我會合。於是，頭四天，我獨自探索我們下榻的聖日爾曼區（St. Germaine），用蹩腳的法語直闖當地的商店、咖啡館、餐廳和酒吧。

每次開口我都先道歉：「Je suis désolé mon français est très

mauvais.」（抱歉，我的法語很糟。）通常在我繼續糟蹋他們的優美語言以前，對方就會打斷我說：「沒關係，說英語也行。」

這樣的開場往往能引發提問、閒聊與實用建議，有時甚至會收到邀請。有一次有人邀我在巴黎某個隱祕的小館喝香檳，度過了愉快的一晚，我百分之百確定我絕對不可能自己發現那個地方（而且喝了那麼多香檳後，我也百分之百確定再也找不到那裡了）。

四天後雅絲敏來了，我們漫步街區時，沿途的店長、酒保、服務生都對我微笑揮手，親切問好，她忍不住發笑。獨行俠喬短短幾天就結交了數十位朋友，摸透了整個社區。但從那天起，我們有了彼此的陪伴和對話，反而很難結識新朋友。雖然我們整整待了兩個月，但那四天獨處所建立的關係反而多出許多。

如果你不習慣獨處，不必一開始就挑戰獨自遠行。可以從小事著手，也許是一些你因為沒有伴而一直拖延的事情。試試那家新開的越南餐廳、去上飛輪課，或去看那場龐克搖滾演出。來趟葡萄酒鄉一日遊，或在湖邊租艘小艇。好好地感受當地，觀察人來人往，做白日夢，活在當下。告訴大家你很忙，關掉手機，給自己一段優質的獨處時光。你會有一個難忘的新體驗，說不定還會遇見新好友或伴侶。

好好經營你的核心人際圈

1938年，哈佛大學啟動一項研究，追蹤268名大二學生的長期身心健康狀況。[1] 此後每隔數年，研究團隊就會回訪這些學生，以期找出快樂健康人生的關鍵。八十年後，他們找到明確的答案：親密關係。

研究顯示，與至親好友維持緊密關係，跟較少的憂鬱、失智與記憶衰退，以及較長的壽命有關。沒錯，你沒看錯。好好經營你的核心人際圈，不僅能讓你更快樂健康，也能**延年益壽**。

相反的，若放任自己陷入孤立與孤獨，無疑會大幅降低幸福長壽的機率。2015年，哈佛醫學院精神醫學教授羅伯特・沃丁格（Robert Waldinger）在TED演講中談到這項哈佛研究，他用一句強而有力的話總結了研究資料：「孤獨致命，它的殺傷力不亞於抽菸或酗酒。」這聽來殘酷或令人沮喪，但這句警世箴言確實提醒我們事情的嚴重性。

舉凡伴侶、家人或親同手足的摯友，你的核心圈子就是生活中最親近的人。他們是你相處最久、展現最真實自我的人。雖然所有的人際關係都很重要，但這些關係對身心健康的影響最深遠，無論短期或長期都是如此。因此，維繫這些核心關係，理當是你的首要之務。

矛盾的是，正因為朝夕相處，這些最親密的關係反而容易陷入窠臼，一成不變。或許他們與你同住一個屋簷下，或經常在你身邊，你們不再需要刻意安排相聚。不知不覺中，安逸感讓彼此付出的心力逐漸減少，結果你們幾乎不再一起做任何特別的事了。

久而久之，最初的火花開始轉趨黯淡。那些靠深夜紅酒或林間漫步所培養出來的深厚情感逐漸淡薄，取而代之的是日常摩擦帶來的衝突。

每段親密關係剛開始時，你們總會期待些什麼，盼望著下一個里程碑，下一個初體驗。這些期待讓你們有專注的焦點、有目標、滿心雀躍。一旦失去期待的事物，關係就容易偏離正軌。你們陷入日常生活的瑣碎與重複中，這時問題就開始出現了。

我完全了解這種狀態。我和妻子初為父母時，就像多數有幼兒的家庭一樣，社交生活**大幅**減少。我們扮演著經典的成人角色：整天工作，還要抽空打掃、做飯、陪伴孩子，以及完成上千件讓生活維持運轉的瑣事。在難得的空閒時刻，有時我們只想爭取幾小時的休息。但在接連不斷的小朋友的遊戲聚會、足球練習、體操課之間，這簡直是奢望。有時我們甚至覺得連喘口氣的時間都沒有，更別說共同規劃新鮮體驗了。

但我們都知道，那只是選擇輕鬆的逃避方式。叫外送披薩，比自己從頭做容易；買新玩具給孩子，也比在公園設計尋寶遊戲省事；讓孩子看動物記錄片，比帶孩子去動物園看真的獅子、老虎、猴子輕鬆。但哪種方式才能創造讓家人更緊密的珍貴回憶？

我們全家人一起突破了極限（身體上、心理上，當然還有經濟上），去做特別的事、去特殊的地方。在本地，我們去了歐海谷（Ojai Valley）、優勝美地（Yosemite）、約書亞樹國家公園（Joshua Tree）、碧蘇爾（Big Sur），留下了美好的回憶。遠行時，我們在紐約州追過螢火蟲、在大溪地與鬼蝠魟和鯊魚共游、在倫敦餵食長尾鸚鵡、在挪威乘馴鹿雪橇。實現這些體驗並不容易，我們背著沉重的孩子徒步旅行、在冰冷的沙漠露營、搭長程飛機，有時開車更久、在暴風雨中搭乘顛簸船隻，還有換不完的尿布、尿濕的褲子、突發的嘔吐，以及所有親子旅行必經的狼狽時刻。當然，還有我們投入的大量時間與金錢。

但這些經歷與它們創造的回憶是永恆的，每一分付出都值得，甚至超乎想像。還有什麼比這更重要呢？

研究顯示，孩子滿18歲時，我們已經度過了此生能與他們共處的93%時光。讓這些歲月發揮價值吧。孩子與家人不是生活的阻礙，而是重塑人生價值的契機，以及創造迫切感、喜悅、目標與視野的途徑。

摯友往往比遠親更親近，畢竟朋友是我們自己選的。因此，我們通常會更用心地經營這些情誼，而這份用心往往能換來最難忘的珍貴回憶。

我剛搬到洛杉磯時，一位摯友正忙著找工作，亟需落腳處。我讓他搬進我家睡沙發，直到他站穩腳跟。同住的日子讓我們的感情更加深厚，一起共度難關、形影不離，甚至常以表兄弟相稱，以便向人解釋為何我們老是膩在一起。

幾年後，他的事業蒸蒸日上，蓬勃發展，而我正深陷人生低谷，面臨破產危機，又遭遇好友自殺的打擊。他看出我很痛苦，邀我一起去澳洲出差。我們坐頭等艙，住在私人島嶼的豪宅裡，那時我的銀行帳戶只剩不到100美元。那趟旅程讓我重拾了笑容與勇氣，並開始扭轉人生。

這個例子很極端，但正好說明了重點：當你為核心圈子付出時，他們也會為你付出，有時是借你一張沙發棲身，有時是帶來超乎想像的驚喜。如果沒有這些緊密的關係，我不可能獲得許多最寶貴的經歷。我相信，當你回顧人生時會發現，家人與摯友如何塑造你的經歷，而這些經歷又如何塑造你們的關係。他們是願意與你並肩作戰的夥伴，當你需要幫助、支持，或只是可依靠的肩膀時，你自然會轉向這些與你有深刻連結的人。

這就是為什麼與核心圈子規劃新奇的體驗那麼重要。這些經歷是維繫集體幸福的關鍵，讓你們有所期待，帶你們暫時離開容易引發衝突的熟悉環境，重塑對彼此關係的認知。希望這些經歷能提醒你們相愛的初衷，讓你們有機會在更深的層次上重新連結。

所以，不妨想想，你如何為核心圈子的人創造珍貴的體驗？這些體驗不見得要很奢華或昂貴。你可以在家準備浪漫晚餐，撒滿玫瑰花瓣、點亮燭光。你可以打扮成孩子最愛的超級英雄或卡通人物，突然出現在公園，給他們一個驚喜見面會。你可以毫無理由地為摯友舉辦驚喜派對。下次過節或慶生時，不妨捨棄物質的禮物，改為規劃共同的體驗，例如一起上陶藝課、去賞鯨、露營、吹玻璃或騎馬。我自己總是要求以體驗代替禮物。

盡你所能為最親近的人付出。別期待回報，因為付出與分享的過程本身就會帶給你很大的回饋。

話說回來，當這些心意以加倍方式回饋到你身上時，可別訝異。

觀其友，知其未來

即使有穩固的家庭、知心伴侶或生死之交，這些人也無法滿足你**所有的需求**。畢竟，你們的興趣嗜好難免有差異，甚至你們的關係也可能決裂。當那天來臨時，你需要依靠其他人：你的朋友。

相較於親密關係，廣闊的朋友圈能帶來的價值截然不同：讓你接觸不同背景、性格與技能的人，激發你的成長與創意。朋友圈是催生新點子與合作機會的沃土，也是工作機會和商業人脈的來源。

雖然你會與核心圈子分享最深刻、最私人的體驗，但你所屬的更廣泛社群通常對你的一般行為有更大的影響。無論是好是壞，別低估了這群朋友改變你人生的力量。俗話說得好：「觀其友，知其未來。」

讓自己置身於敢做夢、敢行動的圈子裡，這些人會激勵你見賢思齊。想培養創意嗎？那就多和有創意的人相處。想保持健康體態嗎？那就和熱愛運動的人來往。多和你敬佩的人在一起，因為我不得不告訴你一個殘酷的事實，如果你跟五個抽菸的朋友混在一起，你會成為第六個。

這正是我選擇遠離兒時玩伴的原因。他們身上有我想改掉的一切壞習慣和問題，而我想要改變。我知道我需要結識具備我嚮往的特質、習慣、嗜好、目標的人——那些我渴望成為的人。

我最常相處的是什麼人？創業者。後來我成了什麼？創業者。

當你身邊圍繞著你欽佩、能助你成長並勇於嘗試新事物的人時，你們共同經歷的點滴會創造出更深厚、持久的情誼。

這是因為我們成長時會經歷新事物，體驗越新奇，越能拉近彼此的距離。新奇感會擴展你對時間的感知，尤其是事後回想的時候。回顧過往時，新體驗感覺比實際持續的時間更長。[2] 這會讓你覺得，共享經歷的夥伴彷彿相識已久，即使你們沒有互相訴說人生故事或敞開心扉。

當人們共同體驗新事物時，會將彼此視為靈感與個人成長的來源，這會進一步強化你們的關係。

回想一下：什麼時候你感覺與人的關係特別緊密？哪些時刻讓你覺得和周圍的人心靈相通？當你回憶一段關係時，最先浮現的是哪些畫面？

沒錯！是那些旅行、特別活動、初體驗、意外狀況、重大挑戰。比如，橫跨美國七州的公路之旅；偷偷溜進演唱會；旅遊車在荒郊野外拋錨，大家不得不徒步；尋寶遊戲；為期兩天的企業外地集訓，但暴雨淹濕了一切；密室逃脫；為期三天、活動滿滿，結合婚禮與旅行的度假式婚禮（destination wedding）；玩真心話大冒險的瘋狂夜晚。不是日復一日的平淡日常，而是有不同新奇事情發生的精彩時刻。我們就是在那些特別的時刻，變得更親近，學會真正了解和信任彼此。

創造這些共同的體驗，不一定要多麼複雜、昂貴或別出心裁。建立這些時刻與連結，也不需要遠赴蘇格蘭、澳洲或法國。事實上，我最愛的社交體驗之一，是多數孩子都做過的經典活動：過夜聚會。

這場聚會是由一位住在亞利桑那州塞多納（Sedona）的朋友發起的。她邀請來自全國各地的朋友，來參加這場復古的週末聚會，而且受邀者大多素不相識。我們20人擠在狹小的露台上，全都躺在睡袋裡，那裡可以俯瞰塞多納壯麗的紅岩景色。我們一起做飯、玩遊戲、健行、天南地北無所不聊。這些聽起來可能不像「新奇」活動，但讓我們暫時跳脫了日常環境與習慣。我們因此建立了持續多年的情誼。他們雖然不在我的核心圈子裡，但十年後，我仍與這些人保持聯繫。

你可以這樣想：你的核心圈子如同需要精心照料的花園，而其他的長久友誼則像森林，那些參天大樹無須你時時關注。即使你暫時離開，他們依然在那裡。那是時隔一年或多年再聯繫，也能無縫接續的情誼。我能辨認出那些朋友，因為我只需要看到或聽到他們的名字，那些共同記憶或感受就會湧上心頭。他們曾與我共同度一些最難忘的時刻，即使相處的時間不長，或我們只做過那件特別的事一兩次。我們有幸擁有共同的珍貴回憶，這個記憶會永遠把我們連在一起。

但你必須回頭維繫這些情誼。若不這麼做，很可能會陷入我們在全球人生體驗調查中看到的情況。

- 「當年在軍中，我認識了一群很棒的兄弟。如今我願意付出任何代價再見他們一面，可惜許多人已不在人世。」

  ——查塔努加的傑克

- 「為工作搬家後，我錯失了夢中情人。我很後悔後來沒和她保持聯繫，如今為時已晚。」

  ——蒙佩利爾的布朗森

- 「大學時我加入姊妹會，那些姊妹曾陪我度過成長的關鍵期，如今斷了聯繫是我最大的遺憾。」

  ——紐哈芬的莎拉

- 「退休後，我與汽車業共事多年的同事失去了聯繫，多希望我還能和他們聊聊。」

  ——澤西市的喬治

讀完這些你就能明白，為什麼臨終前的五大遺憾之一是：「真希望當初能和朋友保持聯繫。」

擁有一片由參天大樹所組成的友誼森林非常珍貴，但在現代社會裡，成年後要結交朋友並不容易。離開校園後，就沒有現成的社交圈能讓你自然而然地結識朋友。如今越來越多人居家工作，甚至沒有辦公室夥伴。隨著大家因工作、家庭各奔東西，舊有的朋友圈逐漸散去。尤其當你有了穩定的伴侶後，更容易放任這些舊有情誼消逝，也不去經營新的友誼。因此，我們不僅應該維繫舊友誼，更該在成年後持續結交新朋友。

直接開口求助，是結交同好的絕佳方式。在你常用的社群軟體上發文請教：「我一直想學攀岩，但遲遲不敢嘗試，有人推薦適合新手的課程嗎？」或是：「我想組一個漢堡同好社群，吃遍這個城市裡最美味的漢堡店，誰有興趣加入？」大家通常都很樂於幫忙牽線，尤其當他們覺得能促成一段友誼或互惠關係的時候。

只要願意跨出第一步並主動打招呼，任何地方都能結交朋友。地方社團、活動、健身房、公園、俱樂部或運動聯盟，都是交友的好去處。[3] 找機會在公開場合或團體中，投入你熱愛的嗜好，自然會遇見志同道合的夥伴。

舉個實例，我太太最近在學烏克麗麗，有天她決定帶著那把琴和孩子去公園散步，趁孩子玩耍時練習和弦。有位路過的女士看見她在彈奏，停下來說，她和我們社區的一些人每週六早上都會在公園裡一起彈烏克麗麗。說真的，要不是這樣，我永遠不知道我家附近就有烏克麗麗同好會。所以，走出去，做點事情，與人互動。你永遠不知道會發生什麼。

無論你在哪裡結識朋友，切記：共同的新鮮體驗，才是把萍水相逢的泛泛之交變成終生朋友的關鍵。正是這些經歷讓友情變成參天大樹，即使不常澆灌，也能經年長青。

經營職場關係，很重要

如果你有正職，至少有三分之一的清醒時間是在職場上度過。也就是說，你與老闆、同事、客戶、合作夥伴相處的時間很長。這些關係越深厚，你在職場上也會越快樂，職涯越成功，而共同的經歷正是關鍵。

蓋洛普（Gallup）的最新研究顯示，在職場上有沒有好朋友會直接影響工作表現。[4] 在職場上有知心好友的人，工作滿意度較高，也比較願意推薦別人到這家公司上班，而且不太想跳槽。他們在提升企業獲利、安全、創新、客服等方面都有較多的貢獻。

資料如此顯示，但你心裡早就有數了。想想你的職場關係吧。在你心情愉悅放鬆的時候，產能最高，而這種狀態往往出現在周遭都是你喜歡的人時。與你信任及尊重的人共事，不僅合作效果最好，化解衝突也更迅速。

相反的，惡劣的關係會帶來慘烈的後果：溝通無效，充滿誤解與緊張；同事會故意找碴作梗；員工因持續的運作不順而感到沮喪，進而擺爛怠工。當然，不快樂的人自然表現不佳。最嚴重時，糟糕的職場關係就足以拖垮一家原本可以順利運作的公司。

因此，花時間與心力和同事培養深厚的情誼是值得的。如果你是企業的領導者，這項投資更會帶來回報。以前這或許是自然形成的現象，但在當今的職場環境中，尤其大家不再共處同一空間時，就需要更刻意地經營職場關係。一次共同經歷所培養的感情，勝過五年在辦公室朝夕相處的交情。

你可以開創一個午餐時間的新傳統，比如模仿創業真人秀《創智贏家》（*Shark Tank*，按：一群素人新創者去跟企業家評審提案，爭取資金支持其創意或產品），舉辦你們的辦公室版本。每個人都愛分享或聆聽新奇或有趣的點子。你可以規定每個人都必須真心提出創意點子，並卯足全力推銷自己的創意。鼓勵大家像節目裡那樣使用道具（模型、圖表、簡單的塗鴉等）。這絕對能讓同事在歡笑中拉近距離，說不定還能促進靈光乍現，想出下一個「蹲蹲樂」（Squatty Potty，按：一種馬桶墊腳凳，讓人在如廁時把雙腳墊高，使身體呈蹲姿，改善排便）。

或者，你們也可以每月舉辦「密技」分享會，互相教授各自的愛好。你自認是飛鏢高手嗎？那就帶飛鏢板來展現你的酒吧絕活。會計部的大衛熱衷武術嗎？你們可以集體去他的道館參觀，穿上道服，看他表演踢碎水泥磚。人資部的麗莎會通靈嗎？（的確，不意外）那就讓她主持降靈會或帶占卜板來玩。天馬行空的嗜好都可以拿來分享。同事深藏不露的本事，絕對會讓你大吃一驚。過程中，別忘了互相分享心得，讓每次體驗都收穫滿滿。

來場「辦公室奧運」吧！設計戶外遊戲、組隊競賽、製作專屬旗幟。模仿影集《辦公室瘋雲》（*The Office*），演出你們自己的版本。一起去刺青，或者比較彼此身上已有的刺青，聊聊那些刺青背後的故事。

再不然，你也可以和同事玩「畫出人生尋寶圖」遊戲，再開個Slack群組，讓大家分享各自的目標、互相打氣、協助彼此達成。

如果你是主管，可以每季選一個很棒的體驗（或讓大家預算內投票選一種體驗），送給某個人作為獎勵。不管是獎勵每月的最佳員工、銷售冠軍，還是零工傷記錄的保持人都行。重點是讓團隊熱血沸騰，提升凝聚力。

如果辦公室的氣氛比較……呃……「悶」，很多公司常用的老招「帶寵物或孩子上班日」永遠管用。

這些活動會徹底改變你和同事對彼此的看法。大家不再嚴肅或公事公辦，而是能開玩笑、分享平常在工作中不會談到的事情。你們會開始把彼此視為真正的人，看見對方在工作之外的真實面貌——每個人都有各自的過往、家庭、興趣，這才是真正友誼的開始。

更何況，你永遠不知道這些關係會帶你走向何方。那麼多商務人士打高爾夫球絕非偶然，這種社交體驗能在同業間建立信任與忠誠。即使當下沒有要談生意，未來也可能合作，或因為這些關係而獲得推薦、工作或其他機會。在高爾夫球場共度3、4小時，比連續幾個月每天只做5分鐘的職場寒暄，更能深入交流。

不一定要打高爾夫球，但這是一個很好的例子，說明什麼叫做促進關係的活動：大家一起在輕鬆愉快的氣氛下邊玩邊聊，自然培養感情。大家有共同的焦點，但不至於太緊繃或太競爭。如果你和同事都不愛打高爾夫球，還有許多活動也符合這些條件：匹克球（pickleball，按：融合網球、羽球和桌球特色的新興球拍型運動）、夢幻體育（fantasy sports，按：線上遊戲，玩家建立一支由真實的職業運動員組成的虛擬球隊，根據這些球員在實際比賽中的戰績來競爭）、卡拉OK、惡作劇、冰浴挑戰等等，例子不勝枚舉。如果老闆或公司特別開明，或許你可以說服他們添購桌上足球（foosball）、彈珠台或乒乓球等有趣的辦公室遊戲。

切記，活動不必多盛大，但你與這些人一起做的事情越精彩難忘，你們培養出來的情誼越深厚、寶貴。

如果你曾經認為「我哪有時間搞職場社交」，希望現在你已經明白「這時間，省不得」。這些時間雖不能計費，卻能提升工作滿意度。無論是團隊、客戶或供應商，當關係有了人情基礎時，就不再只是交易往來。他們會為你加油，陪你度過難關，主動為你說好話。

你不能等所有的條件都完美了才開始好好地生活，經營重要的人際關係也是一樣，你不能一直等下去。每段關係都是一個故事，唯有不斷地增添新篇章，故事才會鮮活。

維繫關係的祕訣在於共同的經歷，尤其是新鮮的體驗。不管是跟你自己、伴侶、孩子、父母、室友、死黨、夥伴、同學或同事，對方是誰並不重要，人性都是相通的，一起體驗新事物最能拉近彼此的距離。

行動指南　讓人際關係蓬勃發展

自我關係

嘗試獨自完成一件你通常會結伴做的事。對有些人來說，這可能是海外旅行之類的大事。對另一些人來說，這可能是看電影、觀賞棒球賽或上課之類的小事。留意你獨自做這件事時的感受。

核心圈子

與伴侶、至親或摯友共度「最美好的一天」。你理想中的美好一天是什麼樣子？寫下來並為這一天盡量規劃許多有趣的活動。記錄並分享這份體驗，激勵他人也規劃自己的「理想一天」。十年來，我的電子郵件簽名檔總寫著「祝你有個最棒的一天」，這提醒我和朋友要多體驗這樣的日子。

朋友

臨終前的最常見遺憾之一是「沒有和朋友保持聯絡」。列出那些失聯、但你依然掛念的朋友。他們為何重要？多半是因為他們與你一起經歷某個重要的事情，或曾與你共度人生的重要篇章。如果此生不再聯絡，你會後悔嗎？選一個人，今天就開始聯絡。別等了！這些就是重要關係。這是你只要打一通電話、寫一封郵件或傳一則簡訊，就能避免的遺憾。

職場關係

有沒有想要更深入了解的同事或同學？想想他們可能

喜歡的體驗，然後邀請他們和你一起做。最簡單的是邀他一起去探索新餐廳。但如果你已經知道對方的喜好，不妨發揮創意，規劃特別的體驗。

注：到ExperientialBillionaire.com下載或列印這個練習的延伸版本，以及免費的體驗指南。

第 8 章

擁有豐富體驗並不難，喚醒童心就行了

「玩樂是研究的最高境界。」

——愛因斯坦

布莉姬：

熟悉我的人都知道，我對自然酒（natural wine）近乎痴迷，老愛把這個話題掛在嘴邊講個不停，講到大家都煩了。我迷戀它們獨特鮮明的風味，對酒標設計的痴迷就像專輯封面一樣講究，更愛細讀世界各地小酒莊的釀造故事。有時我確實有點喝過頭了。

某天，我心想，何不親自釀造這種「大人版的葡萄汁」，成為史上最業餘的家庭釀酒師。於是，我上網搜尋居家釀造法，並在網路上買齊了釀酒器材（其實不難找），包括玻璃發酵罐、園藝用加熱墊、溫度計貼紙、氣閥、特選酵母，當然還有葡萄與砂糖。

但我不只想釀酒，更想好好地**慶祝**成果，不管最後釀出來的好不好喝。我想和其他人分享這份樂趣，即使他們對自然酒的熱情可能不到我的一半，甚至連百分之一都沒有。

一個月後，酒釀好了，我自創一個假品牌，架了簡易網站，還印了專屬的酒標。我邀請朋友來品嘗我的成果。我把它暱稱為「披薩酒」（Pizza Wine），因為曾經有人問我，臨終前最想吃什麼，我毫不猶豫地回答：手工披薩配自然酒。不過，參加這場品酒會有個小條件：每位來賓都得為「披薩酒」創作一首廣告歌並現場表演。

比如以下這首（想像用搖滾樂團海灘男孩〔The Beach Boys〕的〈Surfin' USA〉旋律唱出來）：

週五夜晚，心情正嗨，
朋友烤披薩，叫你帶酒來，
想來點特別的，起司超濃郁，

我們的披薩葡萄酒，輕鬆就搞定！

大夥兒擠在我家客廳，輪流表演時，我們像小孩一樣笑鬧成一團。

比賽冠軍的獎品是什麼？當然是更多的酒，以及更多的披薩。

雖然這些東西都稱不上是米其林等級的美食佳釀，朋友的即興表演也稱不上專業，但這絕對是我人生中最難忘的一場品酒會。大家笑得東倒西歪、笑到眼淚都流出來時，我們忍不住問道：「我們為什麼不常這樣玩啊？」

這讓我想起，小時候我常和妹妹及表姊妹一起玩才藝比賽的遊戲。我們會自創歌舞、變魔術、雜耍、搖呼啦圈，歡樂好幾個小時。

後來為什麼不玩了？

噢對，因為長大後，繼續這樣裝瘋賣傻就不酷了。我們開始在意別人的眼光，覺得該「長大」了。而真的成年後，生活中有太多的正經事需要處理，我們再也沒有時間玩那些無聊的遊戲。成年人的生活整天忙得團團轉，充滿壓力、被數位裝置綁架，早就忘了玩樂帶來的喜悅與療癒效果。

我想，你大概也有同樣的經歷。

但其實不必如此。

玩樂的科學

你從什麼時候開始不再玩樂了？我說的「玩樂」，是純粹為了樂趣而做的事，沒有目標，也不在乎結果。即使是有分輸贏的遊戲，重點也不在於勝負，更不是為了精進技巧，單純只是樂在其中。（被動接收娛樂不算。真正的「玩樂」需要你主動參與，而不是只盯著螢幕或翻翻書頁而已。）

小時候，你滿腦子想的幾乎都是玩樂。其他一切活動（上學、寫作業、做家事、吃晚餐）都是你面對的層層關卡，你必須先完成那些事情才能去玩。

但漸漸地，其他的事情變得更重要了。你不止現在花更多（或大部分）的時間處理帳單、照顧他人、做家務等等，整個社會以及你心理上的優先順位也變了。社會期待成年人要有生產力、負責、認真。玩樂成了小孩專屬的享受。於是，你可能覺得玩樂很幼稚，擔心別人會因此評斷你。但你越不玩樂，想像力就越退化，滿腦子都是現實問題。結果玩樂的時間又更少了，形成惡性循環。

漸漸地，那些你曾經純粹為了玩樂而做的事，變成了正經事、待辦事項，或你覺得根本不值得做了。從前和朋友在戶外追逐奔跑，現在變成在健身房使用跑步機。以前隨時找朋友玩，現在要預約時間喝咖啡；認識新朋友也變成人脈拓展活動。雖然我們認為那些活動有益健康，但其實很不自然，而且沒什麼樂趣可言。你如果看到孩子在做這些事情，大概會以為來到平行時空。孩子奔跑不是為了健身，而是為了感受拂面的微風和腳下的青草。孩子結交朋友不是為了職場晉升，他們透過一起歡樂的時光來培養感情。孩子追求想要的東西從不問為什麼或有何用，他們只是想玩得開心。身為大人的我們，在不自覺中放棄了這種享受，渾然不知自己錯過了多少好處。

肢體遊戲可有效促進大腦的可塑性（即改變與學習的能力），尤其當活動需要保持平衡或嘗試新動作的時候。即使是簡單的遊戲，也能促使你思考各種可能結果並迅速做決定，那會訓練及強化前額葉皮質，也就是所謂的「執行功能」。再加上這樣的肢體遊戲是在低風險的環境下進行，就算判斷錯誤，也不會造成嚴重後果。

與他人一起玩樂，對於培養及精進社交技巧很重要。這能教你如何合作、察言觀色、表達自我。人與人之間的信任基礎，是透過遊戲訊號建立起來的。一旦停止遊戲，這些互動訊號就會逐漸消失。[1]

這些能力對孩子的成長極其重要，但對成年人來說同樣寶貴。歷史上許多著名的創意大師（藝術家、發明家、作家），終其一生都維持著愛玩的天性。玩樂能激發創意，因為它能維持你對探索的熱情，以及對可能性的開放態度，並提醒你：嘗試不同的點子和方法來解決問題，本來就很正常。即使在競爭場合，維持玩樂心態也有助於發揮最佳表現，因為它讓你不過度糾結於勝負得失，盡情發揮創意潛能。

玩樂也是形塑成人自我認同的重要方式。年輕時，你的腦細胞緊密連結，學習與改變都很容易。但到了25歲左右，近半數的腦細胞連結消失了，這時要建立新連結或消除舊有模式都需要更努力。而玩樂可以活化大腦可塑性，讓你一輩子都能持續進化與成長。

維持大腦健康是玩樂的好理由，但另一個更單純的理由是：這真的很有趣！誰不想讓生活多點樂趣呢？

此刻，社會盛行的「拼命文化」可能正在你的耳邊竊竊私語，說沒有生產力的事情都是浪費時間。總有更重要的事等著你去做，時間永遠不夠用，你怎麼能把「玩樂時間」排進行事曆？你以為你還是5歲小孩嗎？

這種心態不僅剝奪了生活的樂趣，更糟的是，就算你**真的**去玩，內心也會不斷地責怪自己在偷懶，結果玩也玩得不盡興。

這種想法根本是錯的，玩樂其實是一種自我關懷的方式。[2]它能紓壓、為你充電、帶你跳脫日常瑣事、減輕負擔，重燃樂觀的心態。此外，玩樂能讓人轉換心境，進而活化大腦，讓你回歸工作時**更**有生產力，就像健身後需要休息，肌肉才能修復並變得更強韌一樣。

玩樂也可以促使你嘗試新行為、接觸新思維、探索新策略，體驗不同的生活方式。它促使你從不同的角度看事情，進而刺激學習和創意。有時候，暫時放下手邊的難題，反而能帶來突破性的進展。

原本你以為你沒時間玩，但事實證明，不玩才真的虧大了。

當你開始為玩樂騰出時間時，你會發現「玩樂」本身只是個開端。一旦養成習慣，這種玩樂心態會逐漸滲透你的世界觀。你會感覺自己變得更活躍、更勇於冒險、更無拘無束，就像把思維調到了全新的頻道。

這時，你會開始對那些無法帶來樂趣的活動失去耐心，這其實是好事。生活中的樂趣越多，你會越想要更多的樂趣，而且你可以把這種玩樂心態帶入你做的一切，包括工作。

這樣的生活，聽起來很不錯吧？

搭上時光機，重溫童年美好時光

在你記憶中的某一天，你和兒時玩伴度過了最後一次的過夜聚會，只是當時的你並未察覺。最後一次玩捉迷藏、最後一次對父母惡作劇、最後一次打雪仗，都是在不知不覺中發生的，但為什麼這些快樂會戛然而止？

我們訪問了2萬人：「童年時做過的哪些事，是你現在還想再體驗的？」以下是一些回答：

- 「小時候最愛追螢火蟲，把牠們裝進玻璃罐裡。」
——印第安納波利斯的泰瑞
- 「好懷念以前在溜冰場辦生日派對，吃著披薩和蛋糕的時光。」
——聖地牙哥的萊恩
- 「萬聖節扮成超級英雄，挨家挨戶要糖果，是我最懷念的童年傳統。」
——奧克拉荷馬市的傑克森
- 「以前相信聖誕老人和牙仙子之類的虛構角色，現在很懷念那種奇妙的感覺！」
——沙加緬度的卡麥隆
- 「現在開車通常是聽新聞或podcast。但公路旅行時玩『我看到』（I-spy，按：猜物遊戲。提問者會在視線範圍內，選一個物品，並給提示，其他人再去猜他看到的東西）和路標賓果（road sign bingo，按：每個人拿到一張印有各種路標的賓果卡。在開車過程中，看到卡片上的路標就可以劃掉。先連線者獲勝）遊戲有趣多了。」

——麥迪森的布雷爾

- 「小時候我最愛和弟弟玩雷射槍戰！」

——諾克斯維爾的吉利安

- 「小時候很愛玩障礙賽，真想再找個大球池跳進去！」

——路易維爾的查理

- 「好懷念夏令營時熬夜講鬼故事、吃烤棉花糖夾心餅乾的夜晚！」

——西雅圖的夏琳

這些回答有什麼共通點？這些活動要不是免費、就是花費不多，卻讓人印象深刻，即使過了幾十年仍能馬上想起來。而且，現在你還能做這些事情，那不是小孩子的專利。我敢保證，對成年人來說，這些體驗會比約喝咖啡、約在酒吧的減價時段喝一杯，或視訊聊天更充實。

6大方式找回玩心，讓生活處處有樂趣

那麼，你如何在生活中融入更多的玩樂呢？其實選擇無窮無盡，但我們可以從調查中獲得靈感。以下是大家最懷念的六種童年體驗，也是他們現在最想在生活中重拾的樂趣。

趣味競賽

「披薩酒」品酒會不是我唯一把趣味競賽融入聚會的嘗試，事實上，這快成了我的個人特色了。去年，我辦了一場正式晚宴（沒錯，必須穿晚禮服和燕尾服出席），但這可不是一般的正式派對，而是「烤馬鈴薯正式晚宴」，每位賓客都要發揮創意，端出最好看、最有創意的烤馬鈴薯。冠軍可贏得一整袋馬鈴薯。

這種趣味競賽就像神奇的開心藥丸，是任何遊戲的必要元素。還記得下課時玩的抓迷藏、躲貓貓、四方格嗎？還有過夜聚會時玩的比手畫腳、手電筒捉迷藏、枕頭大戰？或是全家出遊時玩的四子棋、剪刀石頭布、UNO？這些遊戲為原本平淡的時刻注入了歡笑與活力。

所以，下次和朋友、伴侶或孩子挑選活動時，與其看電影或是去餐廳，不如來場遊戲吧！這可以是簡單的桌遊，或精心

設計的障礙賽，甚至是「烤馬鈴薯正式晚宴」。你們可以比誰的山歌唱得最嘹亮、舉辦成人酒醉拼字大賽、玩扭扭樂遊戲（Twister，按：可多位玩家參與的地毯遊戲，並按指示將手腳放在指定顏色的圓點上）、辦南瓜雕刻「藝術展」，或是看誰最會對嘴演唱〈I Will Always Love You〉。無論是彼此較勁，還是合作破關，這種趣味競賽都能喚醒你的玩心，創造難忘的回憶。

你甚至可以把家事和其他不太有趣的任務變成遊戲。設定計時器，挑戰在限定的時間內完成某項家事或任務。試著打破自己的最佳記錄，和自己來場友誼賽。和伴侶一起做家事時，不妨扮演特定的角色（假裝自己是超級英雄或特務）。發揮創意，把完成那些家事的過程編成劇情，看誰獲勝。「輸家」必須負責做下次的家事。有何不可呢？這可為原本枯燥的家事增添一點樂趣。

無目的的創作

幾年前，我重溫了童年以後沒再做過的事：參與話劇演出。不是那種正經八百、需要數週排練的正規劇場演出，而是從編寫劇本、排練到表演總共只花90分鐘的即興創作。

那是在一場心靈成長營的尾聲，經過數十小時探索內在童心、與夥伴建立連結後，導師給了我們一個簡單的任務：創作並表演一段短劇以反映我們的體驗。我通常不會為了好玩而做這種事，但**確實**很好玩。當晚我在日記本上還特別用粗體的大字寫下：「這是我人生中最棒的一天，**永遠別忘了這一天**。」我確實沒忘。

動手創作是絕佳的玩樂方式。重新找出你最愛的手作材料：色紙、彩色筆、顏料、黏土、膠水、亮片等任何吸引你的東西。然後做點什麼，什麼都行！紙盤面具、手印畫、彩蛋、通心粉項鍊、友誼手鏈等等。或是自創遊戲，這聽起來很難，但孩子天天這麼做：他們隨便定幾條規則，邊玩邊調整。邀朋友來一起玩，看看會發生什麼。創作廣告歌、演場布偶戲、辦才藝表演……隨你想要什麼。不必追求「完美」（不管那是什麼意思），享受過程就好。

這種純粹為了好玩、毫無壓力、不為任何目的的創作，最能激發想像力，讓你重新連結內心那個愛玩的小孩。況且，誰知道呢？說不定你還會發現從未察覺的天賦。

探索大自然

回首童年，我最感恩的是擁有探索的自由。在大自然中與青蛙玩耍、追逐鴨子、池塘游泳、冰上滑行、堆雪人、踩水窪。大人不會經常盯著我，我沒有一直黏在螢幕前，我的價值也和社群媒體上的按讚數或考卷上的分數無關。我可以單純地在大自然裡盡情探索。

成年後，我仍盡量維持這個習慣。事實上，我今年的目標是，每天都玩到渾身髒兮兮。這幾乎保證我會花大量的時間在戶外。根據美國環保署的資料，一般美國人有93%的時間是在室內度過，每週戶外活動的時間僅半天，這也太慘了吧！但這也表示，你很容易就可以超越平均值。

所謂探索，是去尋找以發現新事物。即使在熟悉的環境中，也能尋找新鮮有趣的東西；願意慢下腳步觀察細節、嘗試不同的路徑，享受漫無目的四處遊蕩的自由——無論是實際行走或心靈徜徉。

孩子天生就會探索。面對新環境或物品時，他們總是想測試它的各個面向，例如邊界在哪裡？觸感如何？裡面有什麼？它能做什麼？隨著年紀增長，這種開放的好奇心逐漸消退，一方面是因為我們更專注於目標導向的活動，另一方面也是因為習以為常。你以為該知道的都知道了，但其實永遠有更多的東西值得探索。

在你家後院、社區公園或國家公園裡，隨處都能找到樂趣。看見枝幹粗壯、樹枝低垂的大樹了嗎？享受攀爬時的刺激感吧！如果你可以找到藤蔓，不妨學泰山抓著藤蔓擺盪，放聲大叫。用自然元素來設計障礙賽：跨過倒木、在樹樁上維持平衡、鑽過低垂樹枝或跳過小溪。來場尋寶遊戲，收集奇石並帶回家當紀念品。夜晚躺在車頂或帳篷裡觀星，看你能認出哪些星座。到河邊、湖邊或海邊玩浮具，把海藻當成假髮，戴上泳鏡追逐魚群。玩水中捉迷藏，或跳水比賽，看誰的水花濺得高。鋪條滑水道，享受滑水的樂趣，或在大雨後跳水坑。

用五感探索大自然很有趣，但如果你想要更深入，還有許多工具和社群能帶你更上層樓。你可以添購相機、雙筒望遠鏡或天文望遠鏡，幫你看得更清晰；也可以加入賞鳥、採集、觀星、昆蟲研究或地質考察等興趣小組，任何讓你心動的自然領域都行。我對岩石特別入迷，因此加入一個名為「石頭研究」（暱稱「石頭控」）的女性社群。我們的足跡遠至希臘的伊茲拉島（Hydra），近至加州的杜梅岬（Point Dume）、聖塔芭芭拉、碧蘇爾，挑戰自己用這些元素發揮創意。我還下載了「石頭鑑定」（Rock Identifier）app，現在收藏了滿屋子的石頭，總忍不住向訪客炫耀，不管他們想不想看。培養對大自然的熱愛，多創造戶外玩樂的機會，不僅能培養深厚的人際關係、喚醒童心，更能享受大自然帶來的種種健康益處。

放聲大笑

幾年前，我媽、阿姨、表妹來舊金山，我帶她們去賞鯨，偏偏遇上那年霧最濃的一天，連鯨魚的影子也沒看到。但我們沒掃興，反而為了「沒看到鯨魚」即興創作了爛俳句，還模仿鯨魚的動作（我說那是現代舞表演）互相朗誦。比賽冠軍贏得3美元的塑膠鯨魚玩具，她創作的俳句能裱框起來留念，而且要在下次家族聚會中當眾朗讀。那段瘋狂大笑的時光，比實際看到鯨魚更令人難忘。

開懷大笑時，你會卸下心防，展現最純真的模樣，這正是玩樂的本質。研究顯示，笑能紓壓、降血壓、增加攝氧量，促進心肺功能。

你不必等到家族聚會或下班後才盡情大笑。以前在環球唱片上班時，我和同事做了一個抽獎箱，讓大家抽獎。獎品是「贏得」請我們去紅花鐵板燒（Benihana）的機會，還配上一張我們在鐵板燒餐廳前的拙劣合成照。雖然至今無人兌現，但我們花15分鐘製作那個箱子，並把它放在櫃台讓大家看。那是我在那間辦公室最難忘的記憶，因為我們笑得太厲害了。

所以，每天都要找機會大笑，也逗別人笑。講個笑話，或自己編一個；穿奇裝異服上街；和朋友去咖啡館，為店內的陌生人編人生故事；感恩節時把小狗打扮成火雞；生日派對租個充氣跳床。永遠不要害怕自嘲。好的幽默感可以一掃壞心情，為身邊的所有人帶來歡樂。

打破常規

十四年前，我和四位朋友突發奇想，跑到伯班克購物中心和聖誕老人合照。我們這把年紀，做這種事太老了吧？那當然。我們在意排隊人群中只有我們沒帶小孩嗎？才不會。五個成年女性擠在聖誕老人的大腿上很詭異嗎？絕對是，但這反而更好笑了。原本這只是一時興起的玩笑，卻因為太好玩，而成了我們的年度傳統，甚至還發展出主題和變裝。即使我們後來各自成家立業，這一年一度的胡鬧時光，總能讓我們重溫孩提時代的快樂。

稍微打破常規無傷大雅，反而能帶來很多樂趣。小孩子最懂這個道理，他們老愛試探規矩的極限，就是為了這種好玩的感覺。所以，何不在正餐前先吃甜點？穿著衣服跳入泳池？來場食物大戰？在公共場所即興起舞？在床上蹦跳？玩枕頭大戰？買玩具槍追著朋友跑？有何不可呢？這很好玩，可以讓你感覺充滿活力，青春再現。

叛逆不見得要違法或從事有害行為。你可以嘗試那些別人總是告訴你不能或不該做的事，或用你真心喜愛但不合常規的方式表達自我，例如戴上皇冠、衝去購物中心、一屁股坐上聖誕老人的大腿，不管你幾歲。

惡作劇

惡作劇可以讓我們從日常生活的嚴肅和壓力中，得到亟需的喘息。有一次我們全家去機場接表妹，我們精心設計了一個故事，說她是世界最著名的卡祖笛（kazoo）演奏家，她本人當然毫不知情。我們舉著手製的大型標語、帶著卡祖笛和簽名筆在航廈等候。她一出現就瘋狂尖叫，彷彿見到偶像巨星一樣。其他來接機的民眾還真以為她是名人，任務達成了！

惡作劇不必傷人或惡搞，只要是出於善意的幽默、尊重對方，反而有助於培養韌性及處理突發狀況的能力，而且非常好笑。所以，不必等愚人節，現在就行動。在某人最怕的地方放假蜘蛛或假蛇；把全家福照片換成明星照，看大家多久以後才發現；在某人的辦公椅上裝氣笛或放屁坐墊；把大賣場的絨毛玩具，擺成它們正在「狂歡」的樣子；用陌生號碼打電話給朋友說：「你冰箱在跑（running）嗎？」（按：「你冰箱在跑嗎？那你最好去抓它！」是經典的惡作劇電話台詞。running可以理解成「運作」，但惡作劇的人故意用「跑步」的意思）；在超市的水果上貼眼球貼紙；或是來個經典的惡作劇，躲在門後嚇人

（請選沒有心臟病的人）。

人生夠嚴肅了，童心當然不能滅

玩樂不只是為了找樂子，更可以找回孩子那種與生俱來的好奇心、開放心態、想像力、驚奇感，以及無憂無慮的快樂。這才是人類最自然真實的本性。

所以，不妨做些小事以保有那種童心。這些簡單的方法能幫你重拾兒時歡樂，發現更真實的自我，最終提升整體的幸福感。

- **童年照片**：放一張兒時照片在常看到的地方，提醒自己回想年幼的自己，更常展現童真的一面。我的冰箱上貼了一張照片，那是我和妹妹小時候在樹林裡，頭上戴著鹿角。那張照片提醒了我愛上大自然的起點。
- **童年音樂**：聲音是喚起回憶的有效方法。回想一首小時候熱愛的歌曲，今天再聽一次，試著回憶第一次聽到它的場景，或與那首歌有關的點滴。還有哪些歌手或歌曲曾深深影響你的青春？建立一份懷舊歌單，享受懷舊的樂趣。別裝酷，越俗氣越好！我和朋友開派對時，總會播放新好男孩（Backstreet Boys）和席琳·狄翁的MV，那可以瞬間帶我們回到童年時光。

- **童年電影**：準備一些爆米花，重溫小時候最愛的電影。你可能會驚訝地發現，那部電影現在看起來有多好或多糟。有一次約會，我們買了直笛（那種5美元樂器），穿著恐龍連身衣，像迅猛龍一樣到處跑，邊看《侏羅紀公園》邊用直笛互吹電影主題曲。雖然這段戀情沒有結果，但比起其他早已忘記的約會，這回憶至今仍讓我會心一笑。而且，《侏羅紀公園》在我心中依然是滿分十分！
- **童年美食**：感官最容易喚起回憶和情感，食物的威力更是驚人，因為它結合了色香味。想想童年最療癒的食物是什麼？是什麼讓你如此懷念？它讓你想起誰？試著重現這道食物，讓味蕾帶你穿越時光，回到從前。小時候，奶奶總會為我們表兄弟姊妹做她最拿手的起司通心粉。長大後才發現，那不過是貝殼麵加Velveeta起司和奶油，根本不算是健康食品。但大家一起重現這道料理時，想到以前我們一直以為這是頂級料理，所有人都笑翻了。
- **童年住所**：回想兒時的住家和臥室。用Google地圖「重遊」童年的街道，看老家是否還在。對小學也做同樣的回顧，看能不能喚起一些遺忘的有趣回憶。試著想像8歲的你，現在的你會想對那個小孩說什麼？

- **童年玩具**：只有小孩能玩玩具，好像不太公平。小時候我超愛水槍，所以夏天我買了幾把和朋友一起玩。這也是清洗窗戶的有趣方式，還可以吸引鄰居的異樣眼光，一舉兩得。如果能在eBay上找到童年的舊玩具，那又更有趣了。
- **童年派對**：辦一場大人版的睡衣派對，用枕頭搭城堡，準備兒時的零食，設定懷舊主題。我小時候辦過《忍者龜》主題派對，長大後又辦了一次。說真的，朋友對這場派對的印象，比一般晚餐派對深刻多了。
- **童年夢想**：你問孩子長大後想做什麼，他們通常會說「我想當太空人、消防員、棒球明星」。這些職業讓他們感到興奮又好奇。但現實很快就澆熄了熱情，告訴他們「做不到」、「不可能」、「太危險」、「選條安穩的路」。你小時候的夢想職業是什麼？現在有沒有辦法實現或靠近那個夢想，即使只是暫時的？假如你想當消防員，可以去當義消。若你以前萬聖節曾經打扮成太空人，你可以去參加太空營。如果你曾經夢想當棒球員，你可以加入業餘聯盟，或約朋友夜間打球。讓你內心那個小孩體驗你曾經憧憬的事。

這些簡單的行動能幫你找回童心，讓童心成為你關注的焦點，時時提醒你保持開放的心態、充滿好奇、繼續玩樂。人生已經夠嚴肅了，偶爾放鬆、紓壓一下又何妨？

你現在是個大孩子

其實你早該發現，我就是個拒絕長大的孩子。我是那種在查克起司樂園（Chuck E. Cheese）和天空區蹦床彈跳園（Sky Zone Trampoline Parks）辦生日派對的人……而且不久前才剛慶生。這聽起來可能很荒謬，但這種態度為我帶來了人生中最棒的時光。即使是尋常的日子，也能開懷大笑到停不下來。我不需要去特別的地方，也不用花大錢，甚至不必花錢，只要給自己時間、空間和玩樂的許可。

成年人總是把行程排得很滿。空檔時，他們要不是塞滿「務實」的事情，就是無意義地滑手機。但如果你能把玩樂重新定義為必需品，也就是對你有益、應該理直氣壯去做的事，你會發現，再平凡的日子都能變成值得回憶的體驗。

行動指南

去玩吧

花幾分鐘思考並寫下這些問題的答案：

1. 回想童年時光，你最愛的玩樂是什麼？當時的感受如何？花5至10分鐘詳細地回憶那些畫面。

2. 你從什麼時候開始不再做那些事情？原因是什麼？

3. 現在的生活中，有沒有純粹為了好玩而做的事，即使沒有目標也不在乎結果？如果沒有，為什麼？

4. 你最想多投入的玩樂活動是什麼？如何給自己時間、空間和許可去做呢？

5. 把這項活動排進你的行事曆。

注：到ExperientialBillionaire.com下載或列印這份練習的延伸版本，以及免費的體驗指南。

第 9 章

學習，就是一種深刻的體驗

「讀得越多，懂得越多。學得越多，走得越遠。」

——蘇斯博士（Dr. Seuss）

喬：

我爸搬到墨西哥後，每年我都會去探望他幾次。跟他和那些外籍朋友聚聚很開心，但他們大多是上了年紀的外國佬（這是暱稱，無惡意），最熱衷的活動是在酒吧的減價時段暢飲。而我當時是20幾歲的小伙子，體格精實，愛冒險，想找年齡與體能相當的夥伴，一起探索聖卡洛斯的刺激玩法。（當然，我也比較想去有辣妹出沒的酒吧，而不是擠滿退休外僑的遊艇俱樂部，雖然那些人連遊艇也沒有。）

但有個問題：西班牙語。每次看到有人正在做我想做的事情，他們幾乎都不會說英語，而我的西語能力幾近於零。（除非你認為「圖書館在哪？」〔Dónde está la biblioteca?〕這種高一西語課學的句子也算數！）

於是，我決定學西班牙語。雖然沒時間上課，但工作的關係需要經常開車，而且去探望老爸的車程長達14小時。我買了一套名為《開車學西語》（*Learn Spanish in Your Car*）的CD，就這樣開始學西語。連續好幾個月，我的車上只播放西語教材。我從基本的名詞開始學起，接著學動詞，到最後連時態變化也學了，反覆聽了好幾百個小時。雖然沒什麼機會實際對話，但我就像海綿一樣不斷吸收。

幾個月後，我再去墨西哥探望我爸時，神奇的事情發生了。一位會說雙語的朋友邀請我去參加新酒吧的開幕活動，介紹幾個當地的女孩給我認識。她們一開口就是連珠炮似的西班牙語（以前聽起來就像機關槍的掃射聲）。我站在那裡傻笑，但慢慢意識到我竟然聽得懂她們在說什麼。雖然不是每句都懂，但已經足夠交流與交朋友。這實在**太棒了**！剎那間，我彷彿踏進了全新的世界（這裡請搭配《阿拉丁》的電影配樂〈A Whole New World〉）。

老實說，我的西班牙語一直不怎麼樣，現在也還是很破。清醒時大概只有勉強及格的水準，但喝點龍舌蘭、藉酒壯膽時，可以裝得像樣一點。最初我只是想學會點啤酒、找廁所這種基本會話。沒想到，後來演變成渴望更流利地表達，並且更深入地了解西語文化。目前我仍在學習，但這段西語學習經歷激勵我陸續學了義語、法語，還有一點（真的只有一點點）阿拉伯語。學習過程本身就很有成就感，這些語言為我打開了更多體驗的大門。如果我只會母語，這些事情永遠不會發生。

當你學會一門新語言，瞬間就能和成千上萬個新面孔交流。他們可能成為你的朋友、戀人、老師、同事或客戶。你能更自在地穿梭在他們的世界中，讓旅行充滿無限可能。你能親身體驗異國文化，拓展視野，還有可能改變生活方式。即使一開始你只想學幾句簡單的會話，天曉得那會把你帶往何方？（最好是有啤酒和廁所的地方。）

談到學習，甘地說得精闢：「以末日將至之心活在當下，懷永生不朽之志勤學不輟。」換言之，培養迫切感，**現在**就去追求你的渴望與夢想，但也別忘了持續投資自己的長期成長。

年輕時，我們總是在學習。但不知從何時開始，這種成長逐漸減緩。我們完成了學業（以我的例子來說是勉強畢業），就再也沒有人出作業要我們學習。我們找到了自我定位，掌握（或勉強抓到）了成年生活的基本技能，然後就安定下來工作。到了30歲，學習的速度呈斷崖式下跌。步入中年後，更是慢如龜爬。某種程度上，那感覺很平靜，終於不必持續面對那種不知所措的壓力了。

但這種生活也無聊得要命，更是一種浪費。我們只有這輩子能探索世界、發揮潛能。就像愛因斯坦說的：「一旦停止學習，就開始走向死亡。」

撇開死亡的比喻不談，終身學習的好處實在太多了。它讓人心情愉悅，有助於發掘潛能，拓展視野，更是絕佳的社交活動，讓你保持健康，又能為自己和他人創造價值。聽起來是不是很熟悉？沒錯，這些好處與「擁有深刻人生體驗」的效益非常相似，因為學習本身就是一種深刻的體驗。

在我們的全球人生體驗調查中，當我們問受訪者「一生最想學習什麼」時，結果如下：

1. 學習樂器（吉他、鋼琴等）：31%。
2. 學習外語（西班牙語、法語等）：25%。
3. 學習新運動（網球、衝浪、滑雪等）：11%。
4. 學習烹飪（泰式、日式等）：10%。
5. 學習藝術創作（繪畫、雕塑、素描等）：5%。
6. 學習駕駛技能（飛機、賽車、船艇等）：4%。
7. 學習舞蹈（莎莎舞、交際舞、芭蕾等）：2%。

8. 學習建造技能（房屋、木工、裝潢等）：2%。

9. 其他各類項目：10%。

接著，我們詢問受訪者，為何尚未實現這些學習目標。高達66%的人表示，他們只是「一直沒空去做」、「抽不出時間」、「沒把它當回事」。以下是幾個有代表性的心聲：

- 「我的夢想是學唱歌，在親友面前表演。」

  ——拉斯維加斯的薩爾

- 「我一直想學家族的母語（日語），這樣就能和親人更深入地交流。」

  ——聖地牙哥的安

- 「真希望當初孩子還住在家裡時，我就學了更好的廚藝，這樣就能教他們家傳食譜。」

  ——灣城的莫莉

- 「從小就覺得，能像父親那樣改裝汽車一定很酷，而且又能拉近父子關係。」

  ——亞特蘭大的傑伊

- 「我在湖邊長大，卻從未學過溜冰。現在年紀漸長，我擔心是不是錯過時機了。」

  ——馬斯基根的迪莎

別犯同樣的錯誤。學習不是年輕人的專利，而是維持頭腦靈活、探索自我潛能的最好方式。因此，無論年齡多大，都應該把豐富的學習體驗融入生活中。

7大心法，重拾學習的樂趣

想拓展知識、技能、嗜好或培養新興趣，其實不必重返校園，也不用投入過多的時間或金錢。以下就告訴你如何踏出第一步，重拾學習的樂趣。

重新當個初學者

精進現有的技能和專業知識當然很有價值，許多成人會去上課、參加研討會，或閱讀專業領域的文獻。如果你是從事醫療或教育等強制要求專業進修的行業，這樣做甚至是必要的。也有人是為了加薪或升遷，而重返校園攻讀更高的學位。

但學習全新事物（不只是吸收新知，更要掌握新**技能**），能帶來截然不同的收穫。沒錯，就是重新當個初學者。

聽到這裡，你可能興趣缺缺。很多人對於「初學」階段沒什麼好的回憶：挫折連連、覺得自己很笨、老師不耐煩、同儕冷嘲熱諷。如今你長大了，擔心情況依舊，深怕自己出糗，擔心旁人覺得你是半吊子（dilettante），不值得認真看待。畢竟，正經的人怎麼會浪費時間在他們**顯然**不會用的高爾夫球杆、畫筆或鍵盤上？

這其實是現代社會的扭曲觀念。dilettante這個字源自義大利語，原意是「享受樂趣」，是純粹因興趣而涉獵各種活動時應有的感覺。以前這是富人的專利，因此在當今的「拚命文化」中，忙碌勤奮的人仍然覺得興趣嗜好很愚蠢膚淺，投入這類活動表示你閒得發慌。[1] 既然永遠無法精通，那又何必浪費時間學新事物？把那些時間拿來精進既有的技能，不是更明智嗎？

連我們的用語也反映了社會對初學者的集體偏見。我們以帶有貶義的詞彙稱他們為「菜鳥」、「新手」、「生手」、「外行」。這些稱呼都帶著不同程度的負面意涵。

嬰兒不是不會走路，只是還沒學會。他們不是不會說話，只是還沒學會詞彙和掌握技巧。在學習這件事上，我們都該放下自尊與驕傲，明白當個初學者、從零開始學習很正常。終有一天嬰兒會走會說，但在那之前，總要經歷跌跌撞撞、咿咿呀呀的階段，一步一步來。

我在U形池學垂直滑板時，可沒少摔過。小時候朋友都在後院玩滑板，我卻沒參與到，因為那時我忙著到處鬼混。看著他們玩得那麼開心，我總是很羨慕。後來搬到海邊住，我不像大家預期的那樣專注於衝浪，反而開始天天玩滑板。我一開始在社區的街道上滑行，花了好幾年才進步到在滑板公園摸索技巧（其實是手忙腳亂）。最後，我終於鼓起勇氣，第一次從高台俯衝而下。我永遠忘不了那個腎上腺素狂飆的時刻，低頭看著滑板懸在365公分高的高台邊緣，搖搖欲墜。我把身體往前傾，豁出去往下衝。那種有如自由落體的瞬間，先是一種失重感，緊接著重力襲來，整個人飛速衝向斜坡的另一端。那是我30歲的生日，我猜那比多數人體驗這個動作的年齡晚了很多。雖然比童年玩伴晚了二十年才有這番體驗，但感覺一樣神奇。

我現在依然玩滑板。誠如紀錄片《狗鎮和滑板少年》（*Dogtown and Z-Boys*）中的滑板傳奇人物傑・亞當斯（Jay Adams）所說的：「你不是因為變老而停止玩滑板，而是因為停止玩滑板才變老。」除了健身、呼吸新鮮空氣、吸收維生素D，以及更深入探索周邊環境等附加好處以外，滑板帶來的樂趣實在難以言喻。為人父母有許多事情令人興奮，其中教孩子玩滑板所帶給我的樂趣肯定是最高的。愛上一項需要不斷精進的運動，最美妙之處在於每個階段都很有趣。我的技術當然輸滑板高手東尼・霍克（Tony Hawk）一大截，但我確信我對滑板的熱愛不亞於他。

專注於個人進步

學習的價值不在於成為專家。即使只是新手，過程本身就能帶來樂趣與收穫。

事實上，學習的價值，與你的熟練度無關，而是看你和所學事物的個人關係而定。你的觀點決定了體驗。就像有人跑5公里得到的快樂，和別人完成超級馬拉松的喜悅一樣。我當年在家門前滑下人行道的興奮感，也和職業選手在世界極限運動會（X Games）完成「大跳台競賽」（Big Air Contest，按：參賽者騎著載具，如越野摩托車、滑板、滑雪板或雪橇，衝下斜坡或跳台，從巨大的跳台起跳後，在空中表演花式動作）的感覺不相上下。當你不再害怕表現不佳時，就能在學習過程的每個階段都樂在其中。

由於快樂是來自於進步，設計學習方式很重要：你應該安排一系列需要努力才能達成的小目標。因為失敗太多次，容易感覺停滯不前而灰心；但若是太容易成功，你又會覺得無聊。

要找到「剛剛好」的學習區間：不太難，也不太簡單，而是恰到好處。[2] 這個區間能讓你學得最快、玩得最開心。如果我當初學滑板時，一開始就挑戰U形池，肯定會摔得鼻青臉腫、傷痕累累。同樣的，要是我永遠只在社區的人行道上玩滑板，我也會無聊到直接放棄。從基礎開始、循序漸進，我才能從人行道一路玩到U形池，而且每個階段都樂在其中。

反覆做同一件事卻毫無進步，那感覺既枯燥又痛苦。用剛剛好的方式拆解目標，就能累積一連串的小成果，讓你覺得很有成就感。這些小目標都小到能夠達成，所以你進步很快，也能感受到你正在變強。

說到回報，大家常低估了進步本身所帶來的快樂。你不必等到成為高手才享受樂趣，每個小進步都會帶來成就感。學習的過程就是目的，無論走多遠，你永遠不會結束，因為沒有終點線。你永遠可以再跨出一步，而這一步帶來的喜悅，將和過往的每一步一樣美好。

如果你一再告訴自己「犯錯代表**即將**進步」，大腦會逐漸讓你對這些錯誤感覺良好。每當學習受挫時，記得提醒自己：「這是好事，代表我正在成長，方向沒錯。」

成長過程中，我從來沒參加過任何團體運動，總覺得自己少了這種團隊體驗。後來搬到海邊，我召集了幾位衝浪好友組成「蕨街豬仔隊」（Fern Street Pigs），參加當地的業餘壘球聯盟。我們原本以為這只是輕鬆玩樂，沒想到其他隊伍全是從小打球的狂熱分子，對比賽和輸贏非常重視。第一賽季，我們每場都輸，直到最後一場才獲勝。我們瘋狂地慶祝那次贏球，簡直像拿了世界大賽冠軍一樣（雖然聯盟排名依舊墊底）。至今我還留著那天的酒吧帳單作紀念。

這段經歷讓我們的感情更加密切，而且由於我們都玩得太開心了，休賽期間我們又練習了幾次，並確定各自適合的位置（事後回想，那確實早該確定了）。第二個賽季，我們進步神速，最終贏得聯盟冠軍。雖然很開心，但有趣的是，這一季反而不像上一季那麼快樂。因為真正讓人滿足的不是「變厲害」，而是「持續進步」的過程。

找個指導者

學習新事物時，有個經驗豐富的老師、師父或教練帶你入門，可以快速啟動你的體驗，幫你省下幾個月、甚至幾年的摸索時間。因為學習和單純的玩樂不同，玩樂沒有目標或期望，但學習是追求逐漸的**進步**。你的目標可能不是成為大師，持續進步才是學習的重點所在。

當你學會新東西時，即使只是比現在進步一點點，大腦也會獎勵你，釋放一點愉悅感以鼓勵你繼續前進。這就是為什麼學習能帶來成就感，它就像一種天然藥物，釋放讓人愉悅的多巴胺，告訴你的身心這是好事。

如果你心想：「少來了，我一直覺得學習很痛苦。」那可能是因為你長期卡在失敗的循環裡，失敗太多次了，缺少足夠的小成果來抵消挫折感。這不表示你不擅長學習，或學習永遠不會帶給你樂趣。這只代表你的學習方法設計不良：可能是挑戰拆得不夠細、步驟順序不對，或是缺乏正確的意見回饋來引導方向。好的老師（尤其是擅長教初學者的老師），可以幫你解決這些問題。

多數人如果沒人教他們怎麼練習，往往會直接開始行動（例如彈吉他、滑雪或畫人像），然後在過程中不斷摸索，直到時間用完、感到挫折或無聊為止。這樣做雖然比完全不嘗試好，但學習效果有限，甚至可能適得其反：要是一直重複犯同樣的錯誤而不修正，你可能學會了錯誤的方法。

最有效的學習方式，莫過於獲得真人的即時意見回饋，尤其是剛入門的時候。這個指導者可以是朋友、同事或付費的教練。別以為你找不到頂尖的專家來指導，無論你最想學的是自由潛水、歌曲創作，還是冰上掃帚球（我拒絕稱它為冰壺〔curling〕，這名稱太不合理了），每個領域都有頂尖的好手願意教學。這些專業指導的費用往往比你想的還便宜，但價值高很多。

任何領域的初學者，往往都會犯一些典型的錯誤，這些錯誤其實很容易修正。例如，畫畫時，新手常過度強調他們認為重要的部位（比如眼睛），而不是畫出實際看到的樣子。滑雪時，他們的身體容易過度後仰，只盯著滑雪板的前端看，而不是注視前方。跳傘時，有人會忘記帶降落傘（但這種錯誤通常只會犯一次）。好的教練或指導者很清楚這些常見的錯誤，能在你犯錯太多而灰心喪氣以前及時糾正，或避免你養成日後難以改正的壞習慣。

不過，有時候，要找老師指導確實不太可行或不切實際。這種情況下，你可以去找最新的入門課程、書籍或軟體來學習。最近我就是以這種方式重學吉他。青少年時期我曾學過，但彈得很爛（大概只有勉強及格的水準，而且喝了龍舌蘭酒後，彈得更糟）。這麼多年來，我只會彈幾十首歌，但我還是很享受彈吉他的紓壓感。去年，我報了一個線上課程，開始每天學15分鐘，每週學四天。才幾個月，我就學會了以前不懂的音階、好幾首新歌，還有一些很酷的重複段落，讓即興彈奏聽起來專業多了。而且，這樣的進步讓我更期待和小孩分享我對音樂的熱愛。我的目標是在12個月後公開表演一首歌，無論是在咖啡廳、小孩的生日派對，還是《週六夜現場》節目上（製作人洛恩〔Lorne〕快來找我啊！）我只是希望，這輩子至少要上台表演一次。猜猜這一年課程要多少錢？只要95美元（我一次付清全年費用來督促自己，這算是「自訂獎懲」的小技巧）。

主動學習

了解基礎的知識後，你需要實際動手做。閱讀相關技能有助於建立基本概念，但真正去做才能學得更快、更有效。透過親身實踐，你能從經驗中學習，培養肌肉記憶，從錯誤中改進，了解實際情境，並建立自信。成長與進步來自理論與實踐的結合。

研究指出，實際動手做能大幅提升記憶保留程度與後續成長。光是閱讀或觀看教學影片的學習效果有限，除非你真的動手嘗試。不親手挖土種植，成不了優秀的園丁；不實際到球場練習，投籃技術不會進步；不每天坐在鋼琴前練琴，難以成為演奏級的鋼琴家。

親自動手做一件事，能訓練身心的協調，無論是什麼技能，都能提升你的協調性、反應力和整體表現。你會從成功和失敗中學習，先了解這項技能的運作原理，然後透過嘗試、犯錯和改進來精進。研究和學習固然重要，但更重要的是把學到的知識真正拿出來應用。沒有人是光看單車騎乘的教學說明，第一次上車就平穩騎走的。

累積學習成效

學習過程中，練習的頻率和持續的時間一樣重要。學習新事物相當耗神，因為你得全神貫注，不斷發現錯誤並加以修正。研究建議，每天投入10到30分鐘做這種學習。[3] 體力允許的話，一天可以分段練習多次，但是讓大腦適度休息很重要，這樣才能建立新的神經連結。

想快速有效地進步，每天少量練習遠比每週抽幾小時練一次、或每月騰出一整天來練習更有效。人類大腦無法一次承受過量的練習，時間拉太長反而學習效果低落，間隔太久也會影響記憶的保留。無論是動腦或消耗體力的新技能，只要單次練習超過一小時，就會超出有效進步區間，導致學習效益大幅遞減。持續而規律的每日練習，遠勝過偶爾的長時間練習。

此外，科學研究也明確指出，大腦是在我們休息時把學習內容編碼儲存。因此，每天學習能提供更多的休息與睡眠時段來儲存記憶，效果遠勝於荒廢六天後才一次硬塞所有的內容。

這個方法同樣適用於吸收及保留新資訊。舉例來說，我發現透過Audible的「大師課程」（Great Courses）系列，每天短時間學習的效果極佳，記憶保留率也高出許多。我用這些精彩課程學了很多東西，例如，造訪金字塔前，先了解埃及歷史；在倫敦待久了，想更深入了解當地，就學了倫敦文化；成為專業演講者後，開始學演說技巧；中東之旅前，學現代宗教史；在北美大平原（Great Plains）與美國原住民保留區合作以前，學美國西部的歷史等等。每門課程都相當於大學一學期的教學內容，由全球頂尖學府的教授授課。我只需要利用通勤、運動或其他日常活動的時間聆聽半小時，就能吸收這些頂尖學者的智慧結晶。

培養成長心態

思想決定我們變成什麼樣的人，正確的心態是終身學習的關鍵。「定型心態」認為，能力反映了天賦或智商，因此難以改變或提升。「成長心態」則相信，即使現在不擅長，我們的能力也不是一成不變的。只要持續努力，能力就能隨著時間進步。

這種簡單的區別，導致學習過程中完全不同的行為和情感體驗。抱持定型心態的人，會把失敗視為能力不足的證明。不僅容易感到挫敗，也覺得自己很無能，感到絕望，往往失敗幾次以後就放棄了。

當你抱持成長心態時，失敗並不表示你**做不到**，只是**還沒做到**。你需要調整方法再試一次，或許還要一試再試。一再失敗或許令人沮喪，但你不會感到絕望，反而會更專注、更堅持。你會持續努力直到成功，而當你真的做到時，你會為這份得來不易的成就好好慶祝一番。

定型思維會讓學習新事物變得令人畏懼。如果你認為你的表現是反映與生俱來的能力，那麼初學時的笨拙會威脅到你的自尊。這顯然很容易讓人逃避挑戰，遇到障礙就放棄，忽略成長與進步的機會。

擁有成長心態就不會受到那種想像的威脅所困。你知道能力是靠努力與練習而來，天賦可以透過投入、勤勉、持續學習來培養與提升。一開始笨手笨腳又何妨？誰不是從零開始？只要持續練習，就會進步。切記，像嬰兒學步那樣思考。你可能需要不斷地嘗試，但終究能學會走路。

培養成長心態可以改變學習過程中，對「感知風險」與「回報」的權衡。多數人高估了嘗試新事物的風險，說穿了不過是怕被嘲笑或批評罷了。但實際上，別人根本沒注意你，也不在乎你是否出糗。事實上，他們可能很佩服你有嘗試的勇氣。

成為博學者

你可以深入鑽研某個主題、活動或興趣，但別因此放棄嘗試其他的事物。人類本來就不是只專精單一領域或一件事。學習新事物也能拓展你的身分認同，是一種對自我的投資，不僅讓你的人生更充實，也讓你成為更有趣、更有價值的人。好奇心、覺察力、求知慾，都是非常吸引人的特質。

所謂的博學者（polymath），是指在多元領域都有造詣的人。大家平常運用這個詞時，好像博學者先天就是天才似的，但其實這個字是源自希臘文的polymathēs，單純是指「學了很多東西」。

我們都有能力成為跨領域的人才，多數人也先天渴望學習多種事物，但現代社會卻逼我們只專精一個領域。現代社會的邏輯認為，你在某個領域越專精，你越有價值。但事實上，這反而讓你變得可被取代。優秀的軟體工程師很好找，但如果他同時是出色的團隊領導者，擅長演說，還懂平面設計的基礎呢？這樣的人才就無可替代了。各項技能相互強化，交織成網，最終形成你對這個世界獨到又細膩的見解。

況且，掌握多項技能往往能讓學習新事物變得更輕鬆，就像開外掛一樣。不同的經驗會創造優勢，產生一加一大於二的效果，就像大家常說的「整體大於部分的加總」。我學滑雪板和滑水板很快，因為我本來就很會玩滑板。我學基礎的法語和義大利語很容易，因為本來就會說西班牙語。我創辦第一家公司後，就算跨足不同產業，也知道如何再創立新事業。每學習一項新事物，都是為未來增添基石，這些小小的累積終將成為重要成就的堅實基礎。

老狗也能學新把戲

隨著年齡增長，學習速度變慢的原因之一，是我們已經習慣了自己的老樣子。活到這把年紀，我們自以為很清楚自己擅長什麼、不擅長什麼，明白自己是誰、不是誰……但事實真是如此嗎？我們很容易全盤接受這些想法，不去質疑。比如，你可能認定你畫得不好，心想：「我沒什麼創意，也沒有藝術細胞。小時候就不擅長素描，所以現在畫畫可能也不太行。我永遠不可能創作出什麼東西，這本來就不是我的強項。」

但萬一你錯了呢？萬一你只是還沒用對方法、找到真正適合的領域，或堅持得不夠久，所以還沒發現自己的潛力呢？

說不定你其實很擅長編織帽子、釀造啤酒、人像攝影、訓練小狗，或是其他你從未嘗試過的事情。重點是，就算你真的有某種隱藏的天賦或熱情，第一次接觸時可能也不會顯現出來。你可能很有音樂天分，但無論天賦多高，第一次拿起樂器時，也不可能馬上演奏得很好。嘗試新事物，就像獲得更多的拼塊，幫你拼出更完整的人生拼圖。

以我為例，寫作是我人生拼圖中的一片拼塊。幾年前（好吧，其實是十年前），我有個史詩奇幻冒險小說的點子，當時隨手記在日記本裡，就這樣放了一兩年。這個點子持續在我的腦中發酵，但我從來沒寫過書，更別說是那麼龐大複雜的作品了，所以一直沒認真動筆。直到某天，一位當編劇的朋友告訴我，優秀的劇本有時只要一兩週就能寫完。我當時心想：「劇本？這個我可以試試。」

在動筆前，我讀了不少有關寫作的書，也聽了幾門寫作課程。我下載了作家常用來寫劇本和小說的免費軟體，也上網找出《法櫃奇兵》（*Raiders of the Lost Ark*）這類我最愛的冒險電影劇本，印出來研讀，並詳細記下劇情轉折和結構安排。學習這些技巧後，讓我有了提筆的勇氣。

用劇本格式寫了幾週後，我發現我其實是在寫小說，而不是劇本。於是，我切換成小說模式，繼續沉浸在腦中創造的新奇幻世界裡。書中的角色開始有了自己的生命，劇情的走向也完全超出我最初的構想。故事不斷演變，而我也隨著創作過程而不斷成長。最終完成的是一部近千頁的大部頭。過程中，「作家」也成了我身分的一部分。

在真正嘗試寫作以前，我從來不認為我是作家（除非你把我談破產的脫口秀內容也算在內）。而現在，我不只完成了一本書，而是兩本。當你嘗試新事物時，往往會發現那些自我設限的念頭並不真實，或者至少那不是不可改變的。事實證明，只要你有興趣並願意投入時間，多數事情都比你想像的更容易上手。你只需要踏出第一步就行了。就像我學到的，你可以刪改糟糕的內容，但一片空白的頁面你無從改起。

說實話，那本小說若能出版，當然會給我很大的成就感（歡迎各家出版社來洽談）。但真正讓我收穫滿滿的，其實是創作過程帶來的快樂。這正是藝術與學習的真諦：享受求知、創造、存在與實踐的過程，而非結果。即使全世界都覺得我那個史詩奇幻冒險故事很爛，我仍然享有一段絕妙的體驗，值得我自豪地與孩子、父母、朋友分享，就算其他人都沒讀過也無所謂。我自己反覆讀了好幾次，依然愛不釋手。誠如俗話說的：「藝術見仁見智。」

30多歲時，我學了空中飛人、擲斧、射箭、呼吸法、自由潛水、瑜伽、高爾夫球、風箏衝浪。40出頭，我開始玩越野單車、野地滑雪，並嘗試寫作。去年，我學會了演說這項寶貴的技能。有人說：「老狗學不會新把戲。」但我這隻老狗要說，那根本是胡說八道。

現在正是學習的黃金時代

現在正是學習的最佳時機。你已經知道，音樂、語言、運動、烹飪是我們那份調查中排名最高的選項。其他回答也為我們提供了豐富的學習靈感。以下是你可以學習的一些新技能，雖然這不是完整清單，但是個很好的起點。

- **採集**：多數人不知道，無論你住在哪裡，都可以採集到可食用的東西，即使在都市裡也一樣。走到戶外找些可食用的東西吧，例如蘑菇、海藻、莓果、種子、青菜、貝類或花朵。事先做好研究，以確保那些東西可安全食用。根據蘑菇種類的不同，你可能會有美味、啟發心靈或致命的體驗。其中兩種對你有益，另一種就不好了。
- **園藝**：研究顯示，園藝能改善心情，提升自信。好好培養你的園藝技能吧！選一種喜歡的水果或蔬菜，在家種植。草莓、黑莓、小黃瓜、胡蘿蔔都很適合新手。根據你的需求，葡萄、啤酒花或大麥也是實用的選擇。你可以在戶外、廚房或窗台上種植，學習如何栽培。
- **釀造**：人類釀造的歷史源遠流長，其實在家自行釀造飲品比想像中容易。你可以學習在家釀葡萄酒、清酒、康普茶、啤酒，或製茶、烘焙咖啡豆。至於原料，可以參考前文的「園藝」部分。
- **野外求生**：若不幸流落荒野（或遭遇喪屍末日），你能存活多久？學習生火、搭建避難所、處理傷口、驅退猛獸等遠離文明求生的必備技能，不僅能讓你更懂得敬畏自然生態，還能帶你深入一般遊客不敢涉足的祕境探險。

- **防身術**：想保護自己和同伴，不需要像李小龍那樣武功高強。你可以選一門武術來學習，或是參加基礎防身課程，說不定哪天能救你一命。
- **藝術**：讓創意流動起來。你可以素描窗外的風景、用水彩畫最愛的水果，或為你和家人拍攝藝術照。把作品裱框起來，若有人問起，不妨開玩笑說這是你在巴黎畫廊買的某位名家真跡。
- **手工藝**：親手製作東西可讓你進入心流，全神貫注於當下。想想你可以做什麼實用或送禮的小物？例如鑰匙圈、蠟燭、鉤織品、陶器、相框、首飾、手提袋，甚至用牙刷改造的防身工具？發揮想像力，動手DIY吧！
- **寫作**：說故事是每個人都會的古老技能，而且威力強大。不妨從記錄你最尷尬的經歷，或遇過最離奇的事件開始，試著把它寫成短篇故事或詩歌。挑戰自己每天寫一點點，每天換不同的題目，讓靈感源源不絕。
- **演講**：演講是提升自信、促進思辨、拓展職業機會的重要技能。在聚餐上發表感言，或是對店員、咖啡師、同事說些特別的話，都是不用上舞台面對大群觀眾就能練習的好方法。

- **策略遊戲**：學習策略遊戲可以培養高階的思考技巧，像是解決問題、決策判斷、思辨、規劃能力，甚至激發創意。而你可以買副西洋棋、雙陸棋（backgammon）、麻將、克里比奇紙牌（cribbage）或多米諾骨牌（dominoes），定期和親友切磋。你也可以先上網練習以精進技巧，好向朋友展現誰才是高手——誰不想這樣呢？
- **文化**：了解其他文化有助於化解及避免意識型態的分歧。這種分歧往往造成誤解、錯失機會或引發衝突。你周遭有哪些你不熟悉的文化？維基百科是深入了解的好方法（而且免費），它會帶你越挖越深，增進你對人性的了解。即使最後你選擇各自保留不同的觀點、維持意見分歧也無妨。

學習的機會可說是無窮無盡。現在有數十個線上課程和家教平台任君挑選，而且規模日益擴大。你只要打開筆電，就能免費參觀美國國立自然史博物館（Smithsonian Natural History Museum），或旁聽哈佛大學最熱門的課程。世界上幾乎所有的知識和專業技能都唾手可得（如果找不到，那大概是機密資料）。三十年前，這些根本是天方夜譚。我們正處在一個學習機會無限的時代，好好利用吧。

知識與閱歷的積累，造就了你

如果你覺得太忙了，沒時間養成新興趣，其實你比想像中更需要培養。你現在已經知道，很多人臨終時最大的遺憾是「沒做的事」，後悔自己沒有變成想要的樣子。當你停止探索潛能時，也為後悔打開了大門。

這也是為什麼，每當我想起受訪者說他們一生中想學的事情時，我都有點激動。我知道那些答案（唱歌、魔術、中文、武術、跳舞、拍電影、平面設計）不只是問卷裡的文字，更是隨著時間流逝的夢想。

我想起勵志演說家萊斯・布朗（Les Brown）的一段話：

墓園是世上最富有的地方，那裡埋藏著所有未實現的希望與夢想，像是沒撰寫的書、沒唱出的歌、沒分享的發明、沒發現的解方……只因為當初有人不敢跨出第一步、沒堅持到底，或沒下定決心實現夢想。

但人生的結局沒必要如此，現在開始永不嫌遲。只要你願意行動，你的人生宣言將是：「我有機會，把握了機會，我要活出最精彩的人生。」

所以，與其害怕學習，不如擁抱學習。每學會一件新事物，無論多微小或多重要，都是在投資自己，讓你成為比昨天更睿智、更有經驗的人。

行動指南 你下一個想學的技能，是什麼？

用以下的簡單步驟，從現在開始把學習重新融入生活中：

1. 你最想開始學什麼？ 可以參考第一章製作的「人生尋寶圖」，或是本章與本書提到的各種活動，什麼最能激起你的興趣？

2. 決定要學什麼以後，就擬定學習計畫（記住，寫下具體的時間和地點，會大幅提升你真正去做的機率），以下是一些需要回答的重要問題：

   - 你要跟誰學？ 找老師、課程、軟體或書籍來指引你。
   - 何時學？ 每週至少安排一次學習活動，直接排進行事曆。
   - 考慮是否需要調整預算，或設立特別的儲蓄基金來資助這項學習。

- 採買學習所需的裝備或服裝。

現在踏出這些小步驟，就能啟動整個學習進程，讓你產生前進的動力。你已經踏上終身學習之路了。

注：到 ExperientialBillionaire.com 下載或列印這項練習的延伸版本，還有免費的體驗指南。

第 10 章

讓這一生，不虛此行

「生命的意義，在於活出有意義的人生。」

——勞勃．伯恩（Robert Byrne）

布莉姬：

上千條粉橘色的小魚輕咬著我的腳，癢得我忍不住扭來扭去。據說這是一種「按摩」，理當讓人放鬆，但我只覺得像搔癢折磨。當時我們在斯里蘭卡的最南端，眼前是一片汪洋，往南9,600多公里才是南極洲。我把手腳浸泡在溫水裡，一邊擔心腳趾會不會被這些魚啃光，一邊忍不住心想：「我怎麼會到這裡？」

一週前，我們還在尋找耍蛇人的蹤跡，大啖咖哩和雞蛋薄餅，參訪佛教寺廟，造訪肉桂農民，在叢林裡喝了從浴缸裡舀出來的可疑私釀酒，在海龜保護區看到剛破殼的小海龜，還因為在划船時遇上暴雨，躲進紅樹林裡和一群猴子一起避雨。

但我們去那裡不是為了冒險，以上經歷都是額外的收穫。事實上，多年後回憶起那次旅程，這些片段幾乎很少提起。我們此行的真正目的，是與斯里蘭卡內戰中的雙方士兵合作，他們許多人在長達十五年的衝突中喪失了聽力。

真正讓我們念念不忘的，是有一家人搭了20小時的巴士，專程到我們駐紮的可倫坡（Colombo）軍事基地。當他們4歲的女兒第一次聽見聲音時（這是他們從未想過的奇蹟），我們和他們一起喜極而泣。

我們常提起，我們和一個13歲的男孩隨著〈Thriller〉的音樂即興起舞。他重獲聽力後，終於可以和同伴及周遭世界建立連結。他從小就嚮往成為電視上的明星，如今能重新聽見聲音，對他來說無比重要。

我們也常聊起兩位30出頭的男子，他們曾是戰場上的敵手，但那天他們分享戰爭經歷時找到了共通點。

我們也忘不了一位百歲人瑞，他失聰半世紀後重獲聽力時，整個人突然鮮活了起來，那場景讓我們深感震撼。

這趟旅程中，像這樣的故事還有兩千多個。我們何其有幸能幫他們改變人生，而他們也改變了我們。這些相遇可能為世界帶來的善意亦無法估量。

那個4歲的小女孩，如今已順利上學多年。如果她一直聽不見，也就不可能求學。對那一家人來說，小女孩重獲聽力的瞬間，改寫了他們的未來，他們也會將那份恩澤繼續傳遞下去。

那個少年可能已經踏上演藝之路，用親身經歷鼓舞其他人即使面對困難也要追求夢想。

那兩名士兵或許會對昔日敵手產生新的看法，能夠對曾經對立的人傳遞善意。

至於那位人瑞，他終於可以和家人重新建立聯繫了。不知道他向下面的四代子孫傳授了多少險些失傳的人生智慧？

這就是行動掀起的漣漪效應。就像一顆小石頭激起的水波會不斷擴散一樣，每一份善行與善意也會持續傳遞，影響一代又一代的生命。

當我凝望著無垠的大海，任由小魚啃著雙腳時，我突然明白：其實是他們的善意漣漪把我帶來了斯里蘭卡。一段爆紅的影片啟發我們創立LSTN，雖然我不認識影片中的女子，不認識拍攝者，也不認識那位給她助聽器的人。但此刻，我正延續著那份善意，把它化為我自己的使命。即使他們將來不在人世，這份影響仍會如漣漪般持續擴散，就像我的影響也會透過那些被我的經歷所觸動的人而永遠存在一樣，以此類推。

這本書雖然把焦點放在你的人生上，但最終的意義不止於此。你的人生閱歷越豐富，能給予他人的就越多。你為自己累積的快樂、愛與智慧越多，能傳遞給世界的也越多。當你分享自身經歷時，不僅對別人有幫助，也讓他們有機會去建立自己的豐富人生經驗。

人生走到盡頭時，你唯一能留在世間的，是你給予他人的一切。這就是你活出永恆人生的方式：透過你對他人產生的影響來延續生命。最終你會發現：服務他人，才是讓你覺得不虛此生的最強大方式。

科學告訴你，施比受真的更有福！

我們詢問受訪者「人生中最珍貴的經歷」時，數千人的回答是回饋或幫助他人的時刻：

- 「我家收留了烏克蘭的難民，這完全改變了我對人生、世界、人類韌性的看法。」

——邁阿密的艾瑞克

- 「我在芝加哥擔任『大哥哥』志工多年，陪伴一個男孩成長。如今他已成家立業，成為出色的環保律師！」

——芝加哥的提姆

- 「我訓練導盲犬，這不只是最有趣、最可愛的經驗，想到牠們將來能幫助更多人，也讓我倍感欣慰。」

——羅里的傑西

- 「我最珍貴的回憶是在衣索比亞挖井，看到當地人的喜悅讓我熱淚盈眶，覺得我真的發揮了影響力。」

——波士頓的威廉

- 「我擔任小學的美術老師三十年，最喜歡引導孩子發現他們的創意與熱情所在。」

——克里夫蘭的瑪麗

- 「妹妹驟逝後，我收養了她的女兒，即使環境艱辛，我還是幫她活出了充實的人生。」

——博爾德的瓊安

- 「年輕時我在黃石公園擔任管理員，我喜歡保護大自然，也喜歡看到無數家庭在那裡獲得歡樂。」

——大天鎮的鮑伯

- 「大學時，我以英語教學換取尼泊爾的住宿。那不僅是我人生中最歡樂的時光，更徹底開拓了我的視野。」

——亞特蘭大的金柏莉

這些回答一點都不令人意外，因為我們親身體驗過給予的價值好幾次，或許你也一樣。但在深入研究以前，我們從未意識到，給予他人竟能對施予者產生那麼深刻的影響。

你已經知道助人是一大樂事，但那種暖心的感覺不是錯覺，而是可衡量的身體變化。當你付出時，大腦會釋放各種讓你感覺良好的荷爾蒙（就像新奇體驗一樣，但顯然更強烈）。[1] 研究顯示，樂於給予的人通常壓力較小、血壓較低，憂鬱症狀較少。一項研究發現，即使排除了年齡、健康狀況、生活習慣等因素，常擔任志工的長者往往更長壽。[2]

從心理層面來看，研究一再證實，給予能帶來更大的幸福感與滿足感。《經濟心理學期刊》（*Journal of Economic Psychology*）上發表的一篇研究顯示，把錢花在別人身上的人，幸福感明顯高於只把錢花在自己身上的人。[3] 另一篇發表於《BMC公共衛生》（*BMC Public Health*）的研究指出，擔任志工的人比沒有擔任志工的人憂鬱程度較低，幸福感較高。[4] 此外，《情緒》（*Emotion*）期刊上發表的一篇研究發現，行善助人不僅能提升正向情緒與滿足感，也能減少負面情緒。[5]

別再迷信購物療法了。新手機或新衣服所帶來的快感轉瞬即逝，但給予他人的喜悅卻能長存心底。

雖然，「先富有，才能給予」聽起來很合理，不過正如許多宗教、靈性和哲學傳統所強調的，其實是「給予」本身帶來了富足。科學證據也支持這個觀點。一項研究發現，給予的行為似乎對收入有正面影響，不只是單純的關聯性，而是真正的因果關係。[6]

奇妙的是，這似乎是人類的共通特性。實驗顯示，世界各地生活在截然不同環境和文化中的人，都能從助人中感受到情感效益。[7] 即使是資源匱乏者，分享他們僅有的少量資源時，獲得的快樂也絲毫不亞於資源充裕的分享者。儘管不同文化對個人與集體的重視程度各異，但這似乎不會改變一個事實：幫助同胞讓人感覺良好。

你不必是大人物，也能讓善意泛起漣漪

生命本來就不公平。

在旅途中，我一次又一次地體會到這點。我看到自然保護區裡的大象，有廣袤的棲息地可以遊蕩、有豐沛的資源可以維生，有家人的陪伴與愛護；我也在城市的中央看到被鐵鍊拴在柱子上的孤獨大象，忍受遊客的戳弄，只有一桶髒水解渴。我

遇過隨時能搭乘私人飛機前往熱帶島嶼的富豪；也遇過失去雙腿的男孩，把木板綁在前臂上，以便爬行數里來到我們的義診點，只為了有機會重獲聽力。

有些人幸運地出生在安全、充滿愛與機遇的環境，更多人無緣如此，但這並非他們的錯。無論你處於何種境遇，世上永遠有人比你更幸運，也永遠有人比你過得更艱辛。

總是盯著那些比自己富裕的人，很容易感到匱乏。人類的本能是緊抓著擁有的東西，告訴自己：「等我有餘裕再分享吧。等我還清債務、存夠錢**再**捐款；等我比較有空**再**去當志工；等我什麼都不缺，**再**慷慨助人。」這不正是「改天症候群」的典型症狀嗎？

然而，當我們轉而關注那些處境更艱難的人時，反而會驚覺自己擁有多麼多的福分。俗話說：「你此刻抱怨的，正是某處病榻上某人祈求的奢望。」有時我匆匆趕路而感到煩躁時，低頭看見自己的雙腳，便想起那個綁著木板爬行的男孩，頓時熱淚盈眶。有時我因自己做得不夠、擁有不多而沮喪時，那頭被鐵鍊拴住的大象就會浮現在腦海中。即使在最糟的日子裡，感覺天快塌下來的時候，我依然能為我擁有的種種福分，包括健康的身體、乾淨的飲水、完善的衛生設施、遮風擋雨的屋頂、自由的生活，以及又能醒來迎接新的一天，心懷感恩。

無論境遇如何，每個人都有能力給予，即使只是一個微笑，或一句暖心的話。

最近的印度之旅，讓我真切地體悟到這個道理。在德里的公路上與牛群搶路、凌晨4點起床以便獨享泰姬瑪哈陵的寧靜、在甘地的靜修院冥想後，我來到孟買，拜訪當地的教育與淨水非營利組織。在那裡我才得知，這個龐大的城市約有60%的區域是貧民窟。數百萬人住在鐵皮、帆布、廢料拼湊的簡陋居所裡。儘管政府與民間組織努力改善當地，乾淨用水和衛生設施等基本需求仍嚴重不足。居民面臨諸多困境，包括基礎建設匱乏、犯罪與吸毒率高、醫療與教育資源短缺。再加上雨季時容易淹水，生活更是艱難。

我在其他地方見過赤貧的景象，所以原以為這裡也像其他的貧民窟一樣，瀰漫著絕望與無助的氣息。沒想到，眼前所見的截然不同。周遭的每個人看起來出奇地樂觀開朗。走在街上，隨處可見微笑招手問好的居民，孩童在巷弄裡嬉戲歡笑，每個角落都充滿蓬勃的生機與人情味。這裡的人展現出驚人的韌性與適應力，對生活維持非常正面的態度。他們純粹的快樂，徹底顛覆了我的想像。

我向當地的朋友請教，在如此艱困的環境中，為何他們還能維持這般心境？答案很簡單：業報（karma）。雖然人人都聽過「業報」這個詞，但我從未真正見過它像這樣成為一種文化的核心。印度約有八成的人口信仰印度教，根據其教義，每個靈魂都會不斷地輪迴轉世，而每一世的身體與境遇，都取決於前世累積的業，亦即一個人過去幾世的所有行為、思想與意圖的總和。善行積善業，惡行造惡業。此外，意圖也很重要。善行只有在出於真正的善意，而非自私或欺騙的動機時，才會創造善業。

我看到的快樂，並不是要粉飾或美化他們面臨的困境。但這次經歷讓我明白，即便在如此艱難的生存條件下，當地人依然真切地展現慷慨、善良與希望。他們是用最少的資源，活出最大的價值，而不是像我們許多人那樣，擁有很多資源卻活得很貧乏。他們專注於自己能給予什麼，而非缺少什麼，因而活出更有質感的人生，我們都可以從中學習。

當你對他人展現慷慨與善意時，對方會立刻受到感染，不僅以同樣的方式回報你，也想把這份善意傳遞給其他人。這很合理，因為別人的善意能提振你的精神、消解壓力與怒氣，重新燃起你對人性的信心。在那種心境下，你自然會更願意善待下一個相遇的人。事實上，光是目睹或聽聞他人的善行就足以產生這種效果，即使你並未參與其中。這種良性循環能強化社會結構，培養社群意識。

那麼，這週你可以展現哪些小小的善意？或許是讚美陌生人、寫封信給啟發你的人，或是陪長輩聊聊他們的人生故事。你永遠不會知道，這些舉動會如何激勵他們把善意傳遞下去。

善意的循環，終將回到你身邊。

行善，從你在意的事開始

想要對世界產生正面影響，不必參加國際義工團遠赴異國他鄉。在我們的身邊，處處都有行善的機會，不分大小。事實上，選擇太多了，反而讓人不知從何下手。

我的建議是，從你真正關心的事開始。不必糾結那是不是世上最重要或最緊迫的問題。世間需要滿足的需求實在太多了，若要比較哪個最「值得」幫助，根本是在浪費時間。關鍵在於你是否真心在乎你想要解決的問題，因為唯有真心在乎，你才會堅持下去。我之所以對幫助他人重獲聽覺那麼投入，正是源於畢生對音樂的熱愛。這對我來說很有成就感又有意義，因此激勵我繼續做下去，最終創造出更大、更深遠的影響。若換成其他我不感興趣的理念呢？或許短期內能堅持，但絕對無法長久。

2020年，當我們的非營利組織被迫暫停國際義診時，我彷彿失去了人生目標。全球聽力救助計畫不知要中斷多久，這種停滯在我的內心留下了一個空洞。於是，我開始審視自己的熱情與專長，思考還能用什麼方式幫助他人。正是這樣的契機，讓我開始為這本書撰寫故事，並主動詢問身邊的人：我可以怎樣幫助他們實現心中渴望的人生體驗？這些行動讓我重新找回了目標感和人生方向。

選擇回饋社會的方式時，不該糾結「誰更值得幫助」或「什麼對社會更重要」。世上需要幫助的對象太多了，無論是人、其他生命，當然還有我們的地球。重點不在於比較誰更值得幫助，而在於找到你真正在乎的事情，然後行動。

想想哪些議題最觸動你的心。也許你或身邊的人曾親身經歷過某些困境，比如飢餓、心理問題或家暴。或許你對某些群體特別感同身受，像是女性創業者、難民或家族中第一代上大學的人。說不定你特別重視某些價值，比如海洋保育、特殊教育、監獄改革，或是保留學校的藝術課程。可能你更關心某個對你意義非凡的公園、社區農場或歷史建築。

首先，專注在一個對你來說最重要的理念上。做點研究，這個領域有哪些公益組織？他們關注什麼問題，如何解決這些問題？這些組織的品質和實際成效如何？

選一個你有共鳴、樂於參與並引以為豪的組織。經濟許可的話，可以捐款，但不要止步於此。

試著親自投入，直接與你想支持的人或地方互動。不論是動物收容所、食物銀行，還是青少年輔導計畫，選擇一個你真心想貢獻的公益項目，定期投入幾小時。讓它成為例行事務，你就會開始與服務對象和其他志工建立關係，讓這件事變得更有趣、更有意義。

更進一步的話，你可以貢獻你的專業技能。或許你能協助改善組織的宣傳策略、更新網站、策劃或主持活動、幫忙公關事務，或是單純為志工準備點心。多數非營利組織都面臨預算拮据的困境，任何額外的幫助（尤其是專業技能），對他們來說都是莫大的支持。這不一定要像工作一樣。也許你和朋友喜歡打撲克牌，你可以為你選擇的慈善機構舉辦撲克牌大賽，這樣你就能在玩樂與培養關係的同時，也發揮影響力。

這種親身參與的方式，遠比單純的捐款更強大，因為它會真實地改變**你**。你會在這項任務上投入情感，這表示你會持續投入，而且你的努力將隨著時間產生很大的複利效應。你也更有可能宣傳這項理念，為它帶來更多的支持者，這又可以使你的影響力倍增。更重要的是，這能培養同理心、慷慨大方與善良的素質，並體現在你做的其他一切上。

如果不在了，你想留下什麼？

我憋笑憋到眼角泛淚，心想：「這要不是極度自私，就是愚蠢至極，或者兩者兼有。」

我們用玉米片、酪梨醬和「只要45分鐘」的承諾，把一群親朋好友騙到喬的儲物室。他們圍成半圓，面對著我們的棺材。說到「棺材」，這是指我和喬用我們從家得寶（Home Depot）花35美元買來膠合板和釘子，再自己拼湊的長箱子。我們印了自己的大頭照，放在棺材旁邊的架子上。他們輪流發言談論我們，彷彿我們真的永遠離開了。

當然，我們沒有真的死去，畢竟我不可能從陰間寫這本書。只是這次我們把「每天當最後一天來過」的理念玩得太過頭了。

這場假葬禮沒有聽起來那麼瘋狂。好吧，也許真的有點瘋，畢竟連影集《人生如戲》（*Curb Your Enthusiasm*）都拿來惡搞過，但這可不是我們發明的點子。2014年，我們去南韓推廣LSTN時，聽說當地有殯葬公司推出免費的「生前葬禮」服務，至今已有數萬人參與。[8] 這個概念的初衷，是幫大家在還來得及改變時，珍惜生命及重新檢視自己的人生態度。當時由於這個體驗太熱門，我們根本排不上，所以回到洛杉磯後，我們自己辦了一場。

如此詳細地想像及預演自己的死亡或許很奇怪，卻是一種震撼的體驗。它會逼你面對一些難題：你希望別人記得你是怎樣的人？你離世後會留下什麼？你的遺澤是什麼？

當我躺在儲物室裡汗流浹背的時候，令我驚訝的是，親友完全沒提到我們（傳統意義上）的成就。他們提到我們如何激勵他們改變自己、影響他人。他們說了一些以前從未告訴我們的話，例如，我們如何啟發他們創立社會企業；看我們征服馬丘比丘後，他們去走了太平洋屋脊步道（Pacific Crest Trail）；看到我們克服恐懼後，因此鼓起勇氣為其焦慮症求助。

這些才是**我們**留下的印記，我們引發的漣漪效應。

人生的最後一場秀，務必盡興

老實說，在堆滿雜物的儲物室裡用膠合板棺材辦假葬禮，實在不是我理想的告別式。幸好，這只是彩排。所以，家人們，請記得我想要的葬禮。

我更希望落實funeral（葬禮）中的fun（樂趣）那個字，辦一場我生前也會想要參加的告別派對。

我想分享所有最愛的回憶照片，例如小時候和妹妹與表妹在聖誕夜咯咯笑的照片；和我媽一起開車穿越洛磯山脈旅行的照片；我第一次去英國的照片，那次經驗為我開啟了無限可能；我青少年時期抱著吉他的照片，當時完全不知道最終那會帶我走向何方；20幾歲時在北好萊塢和朋友一起吃墨西哥捲餅的照片，那群朋友讓我明白了什麼是真正的情誼；我和喬在祕魯的合影，照片裡是我們幫助重獲聽力的第一人；我和老爸一起去打獵的照片；我站在世界新七大奇景前的照片，驚嘆這個星球的壯麗。當然，最好還能加上慶祝這本書出版的照片，這是我畢生夢想成真的時刻。

我要讓我的狗塔可當貴賓，讓每個人輪流寵愛牠，告訴牠是個好孩子（雖然偶爾調皮）。

我要播放我的Spotify葬禮歌單（開場是〈Highway to Hell〉，高潮時播放〈Another One Bites the Dust〉，最後以〈The Final Countdown〉收尾）。

我要朋友從棺木上拿起花束拋向人群，看誰是下一個。

我要外燴提供我最愛的食物：油膩的底特律式辣腸披薩、吉豚屋（Katsuya）的烤蟹肉手卷，搭配我住北加州時常喝的「愛」（Love）自然酒。

拜託不要讓我穿著套裝躺在棺材裡。我要戴著雷朋墨鏡、穿著皮夾克、齊柏林飛船的T恤、Levi's的破牛仔褲和恐龍拖鞋，躺在我那塊老舊的Almond衝浪板上，在馬里布（Malibu）的夕陽中把我送進太平洋。好吧，這**可能**違法。所以如果你們不想坐牢，就把我的骨灰撒向海浪吧。

我要在葬禮的出口處發放紀念禮袋，就像奧斯卡頒獎典禮那樣，但裡面不是裝著名牌精品，而是陪伴我度過人生起伏的書籍、年輕時塑造我的黑膠唱片，還有我在海邊小屋和環球旅行中收集的貝殼與石頭。至於其他的物品，就賣掉來支付這場派對的費用吧。對了，記得把我的航空里程送給某個人，讓他去一直想去的地方。

結束後，請用我的手機傳訊息給大家：「謝謝你們來參加！下次見！」

我希望這是生命的慶典，不是哀悼死亡的儀式。

我希望這是一場**體驗**。

行動指南　想像你的終點

這個練習可能感覺有點病態，卻能讓你在讀完本書時，清楚知道自己該做什麼。

1. 花點時間想像你的葬禮，寫下你希望的情景：誰會出席？地點在哪裡？會展示哪些人生照片？播放什麼音樂？還有哪些細節對你很重要？
2. 把這個願景分享給你最親近的人。這可能是很奇怪或不自在的對話，但可以幫他們了解及支持你。

3. 寫自己的訃聞，而且寫兩份。第一份是把焦點放在你的現狀：哪些關鍵時刻（無論好壞）定義了你的人生？你離世後，大家會記得你什麼？

4. 接著，想像你理想的人生：那份「尋寶圖」所描繪的人生。根據那個願景寫下第二份訃聞。

5. 這兩份訃聞的差距有多大？為了讓你更接近理想的生活，現在你可以做什麼選擇？本書的方法（比如「畫出人生尋寶圖」）如何幫你獲得真正想要的體驗？

注：本書的所有練習都可以從ExperientialBillionaire.com網站下載或列印。

結語

別把錢留到死，也別把夢想留到明天

喬：

如果你想要進一步驗證，本書的理念是否真的能帶來充實無悔的人生，那麼你很幸運，我還有一個故事可以分享，而且這個故事就發生在我們撰寫本書的過程中，它可以說是對我們所相信、所說、所做的一切的終極檢驗。

我妻子雅絲敏來自中東的小島國巴林（沒關係，你現在查地圖也無妨，她已經很習慣大家這麼做了）。當初她來南加州的查普曼大學（Chapman University）求學，而我們相識的契機，是她某次到洛杉磯拜訪大學老友的時候。那時她定居倫敦，所以從戀愛初期，我們就格外珍惜每次難得的相聚時光。

幸好，我們都熱愛旅行，所以我們總是把握每次相聚的機會，把見面變成難忘的旅程。我們共度的第一個聖誕節，是在泰國自助旅行。隔年夏天，我們在西班牙哥多華（Córdoba）偏遠湖泊的滑水營地，露宿星空下整整一週。再下一年，我們去北極圈，住傳統帳篷、追極光，在新年假期體驗冰釣。

結婚時，我們如法炮製，把散居地球兩端的親友齊聚在一個不可思議的地方：峇里島。那是夢想成真，我們彷彿在天堂待了三週。前十天與所有的親友同歡，後十天是兩人獨自探索，我們爬火山、騎摩托車穿越稻田到祕境沙灘、搭船前往沒有車輛與電力的小島，當然還有衝浪。

婚後第一年，我們一起環遊世界、遠距工作。我累積美國運通信用卡的點數十年，這下子終於派上用場了。我們也想生兒育女，但首先，我們想先實地考察可能長居的地點，同時完成夢想清單上的旅行。於是，我們挑選幾個城市長住一個月以上（倫敦、巴黎、紐約），其間穿插許多小旅行，有些純屬玩樂，有些則是為了LSTN的公務或慈善任務。

這一年我們收穫滿滿，在猶他州、倫敦、奈洛比、盧安達、巴黎、漢堡、大溪地、紐約、雅典、米克諾斯島、托斯卡尼、香港、中國、東京、巴林、杜拜、曼谷都留下了足跡。（老實說，我得翻出以前寄給父母看的Google文件，才記得所有去過的地方。）

旅行期間，我們花很多時間討論想要的未來，而「人生尋寶圖」練習一次又一次為我們指引方向。生兒育女是我們的首要目標，當然，前提是我們有幸能有孩子的話。不過，我們仍想要體驗不同地方的生活，並多陪伴家人。於是，我們制定計畫：在倫敦生下第一個孩子，在洛杉磯生下第二個孩子。等最小的孩子2歲左右，我們就舉家去國外生活一年。很可能是選峇里島，因為那裡生活品質高，開銷低。

接下來的五年，透過尋寶圖的指引，我們始終把焦點放在優先要務上。我們盡情旅行，在洛杉磯的生活也充滿了新體驗。更幸運的是，我們幾乎按計畫生兒育女：2019年10月大兒子在倫敦出生，2022年3月小兒子在洛杉磯出生，當時我們正在撰寫這本書。

那段日子，真的很美好。

幾個月後，我們3個月大的兒子突然拒絕從我妻子的右乳房喝奶。無論怎麼哄誘，他都激烈抗拒。我妻子的乳房開始腫脹疼痛，但她以為只是乳腺阻塞。我們大兒子差不多大時，也發生過類似的情況。在家疏通乳腺一週後，我們在超市巧遇家庭醫生，他建議她去檢查一下比較保險。那是個尋常的週日下午。

我妻子堅信沒什麼好擔心的。她才33歲，再過一週才滿34歲。她體態健美、幾乎不喝酒、從不抽菸，平時健康得很。但為求安心，她還是同意週一去看診。接著，週二做了超音波，週四做乳房攝影，週五做切片檢查。

隔週四下午，也就是她生日後的四天，我們回到乳房中心。護理師盡量用溫和的方式讓我們做好心理準備，然後告訴我們一個「不可能發生在我們身上」的消息。我妻子得了乳癌，而且是迅速惡化的那種。

那一刻，我們的世界彷彿整個崩解了。

幾天內，我們安排了電腦斷層掃描、正子斷層造影、磁振造影、骨骼掃描。檢查結束後，立刻開始化療和免疫治療。至於後續的計畫，要等到有更多的資訊後才做決定。

一週後，我們收到檢驗結果和最終的診斷報告：第三期三陰性乳癌，區域性轉移，共有六顆腫瘤，生長速度高達67%。換句話說，癌細胞擴散迅速，而且已經蔓延至乳房周圍的淋巴結。基因檢測更顯示BRCA-1突變陽性，這意味著她罹患乳癌、子宮頸癌、卵巢癌的風險都很高。那天晚上，趁著妻子洗澡、孩子熟睡時，我獨自坐在兒童房裡流淚。

轉眼間，一切都可能改變。當時，我和布莉姬已經完成本書的初稿，這讓一切顯得超現實又諷刺，硬生生地應證了我們試圖傳達的道理：人生既短暫又無常。

接下來的八個月非常煎熬。妻子經歷了化療、免疫治療和雙乳切除術。術後一週的病理報告顯示，切除的乳房組織中已無癌細胞的蹤跡。治療奏效了，她終於擺脫了癌症的陰霾。

那一刻如釋重負的感覺，實在難以言喻。雖然知道她還得接受六個月的免疫治療和五週的放射治療，以降低復發的風險，但我們總算能恢復正常呼吸了。她正式成為抗癌勇士，而我們正努力確保癌症永不復發。那天我流的眼淚，比她確診當天還多。她在療程中所展現的勇氣與韌性，令人讚嘆。

我們就像我爸當年那樣，與死神擦肩而過。但不同的是，我們不需要重新開始、改變做法，因為我們早已遵循著尋寶圖的指引。我們人生的優先順序與計畫絲毫未變，唯一改變的，是我們變得更堅強、更從容，更懂得珍惜每一天。我們細細品味每個珍貴時刻，無論是孩子的純真笑容與笑聲等小事，還是未來那些令人期待的大事。

倘若結局不同，我們當然會極其心痛，陷入無盡的悲傷。但不會後悔，因為我們認真活過了。回首我們共度的十年，每一分鐘都充滿了意義，不曾虛度片刻光陰。

展望未來，我們深知人生苦短，所以規劃時既有明確的目標又有緊迫感，重要的是要好好享受這個過程，及時行樂。臨終時，即使你家財萬貫，也會想要傾盡一切家產以換取多活一天。畢竟，時間才是你的通貨，經驗才是人生最寶貴的財富。

說到底，這才是唯一重要的財富。

致謝

這本書之所以能夠從夢想變為現實，多虧了以下諸位幫我們度過重重難關與挑戰。你們的支持與關愛，我們永遠銘記在心。

喬：

感謝我的妻子Yasmine Alsairafi，她也是我的抗癌超級英雄：有妳相伴的每一天，使這場人生冒險變得更精彩。我愛妳，此生不渝。

感謝我的岳父母Jaffer與Debbie Alsairafi：你們以身作則讓我明白何謂無私付出。感謝你們給予我們的一切幫助，你們為家庭奉獻的精神永遠激勵著我。

感謝Alsairafi家族的其他成員：Sarah、Sammy、Mariam、Talal，你們是史上最棒的姻親。

感謝我的家人：我媽Ginny、Bryan Horstman、兩個哥哥

James和Mike及其家眷，以及表親Paul Huff（一輩子的好兄弟）。感謝你們無條件的愛，帶給我的歡笑，以及這些年來的包容。

如果沒有以下諸位，我不可能走到今天：Darren和Lulu Crawford、Dan和Karen Ellerman、Maddie和Sonny Sinclair、Wilmer和Amanda Valderrama、Jared和Jonalyn Nixon、Rob Nand。這輩子能遇到你們是我的福氣，感謝你們總是陪我分享美好時光，在我失意時接住我，讓我重新站起來。

布莉姬：

感謝我的家人：Lori、Terry、Cassie、Katheryn、Matt、Judy、Don、Harold、Tammy、Kristen、Donelle、Kyle、Keith、Max、Nicole、Ann、Jason、Kenny、Colton、Evan、Cam、July、Taco、Mary、Jack、Sally。感謝你們讓我愛上自然與冒險，讓我隨時都能對任何事物開懷大笑，更給了我無條件的愛。

感謝摯友Rachel Connors、Liz Rockmore、Joe Demin、Dan Dworkis、Vlad Gyster。謝謝你們支持我完成這本書的創作，並在我人生最艱難的時期，給了我最溫暖的陪伴。

感謝親如家人的朋友：Blaire Nichols、James Lockwood、

Jocelyn Maynes、Bryan Grone、Neeraj Sharma、Melissa Sanchez、Kenny Czadzeck、Bob McIntosh、Aaron Glassman、Sarah Horton、Matt Connors、Sergio Zaldivar。感謝你們陪伴我在洛杉磯成長的二十年，沒有這些共同的經歷，就不會有現在的我。

感謝霍夫曼學院的Drew Horning、Amy Thompson、Barbara Burke、Liz Severin，以及所有在這個非凡組織中相遇的夥伴。感謝你們給了我自由。

感謝環球音樂集團與華納音樂集團的每位同仁，尤其是Michael Lawson和Lloyd Hummel。感謝你們給我獨特的學習機會，實現兒時的夢想。

感謝整個Reality/Schusterman和JDC社群，謝謝你們接納我。

我們兩人的共同感謝：

感謝LSTN的同仁：Zoya Biglary、Max Fronek、Lauren Nipper、Molly Leighton、Matt Lauer、Bryan Mead、Jon Rappaport、Tyler White、Pete Delgrosso、Brady Forseth。謝謝你們在LSTN陪我們一起流血、流汗、流淚。如果沒有你們，我們不可能從零開始，創造出如此深遠的影響力。

感謝Bill 和Tani Austin，以及斯達克聽力基金會這個大家庭。謝謝你們讓我們見識到何謂真正的使命。

感謝Josh Linkner、Sara Smith、Pete Sheahan、Ryan Estis、Seth Mattison、Jenny DeRosse、Connor Trombley、Ivy Gustafson，以及整個ImpactEleven的人員與社群。謝謝你們在這趟旅程中當我們的顧問、專業後盾和朋友。

感謝Jeff Rosenthal、Elliott Bisnow、Brett Leve，以及了不起的Summit社群。謝謝你們這些年來帶給我們的體驗與情誼。

感謝一路相伴的夥伴，還有在這個過程中給予我們寶貴意見的人：Ben Nemtin、Brittany Hodak、Alex Banayan、Tero Isokauppila、Caitlin Crosby、Jake Strom、Adam Bornstein、Adam IN-Q Schmalholz、Nina Ojeda、Faten and James Stewart、Peter Kim、Andrew Pollard、Kostas and Mia Morfis、Brian and Cris Nolan、Zach Mendelsohn、Scott Bailey、Chad Penry、Dave Lingwood、Sean Macgillivray、Daymond John、Jaspar Weir、Kevin Hekmat、Freddie Prinze and Sarah Gellar、Jeremy Taylor、Christian Bendixen、Serinda Swan、Chari Cuthbert、Chris Noyes、Duncan Penn、Penni Thow、Cris Judd、Andrea Lake、Steve Titus、Isaac Horne、Dave Hosford、Eric Anthony、Conrad Jackson、Deirdre Maloney、Frankie Delgado、Scott

Budnick、Bryan Macgillivray、Tadao Salima、Claire Harper、Ross Asdourian、Brian and Kamilla Wayne、Alix Traeger、Arezu Hashemi、Alexa Brandt、Julia Taylor-Brown、Sanjay and Rachel Amin、Kelly Balch、Zach Glassman、Jessica Encell、Smiley Poswolsky、Jesse Israel、Jason Goldberg、Rachel Sheerin、Jordan Tarver、Frankie Russo、Chris Schembra、Matthew Emerzian、Clay Hebert、Naren Aryal、Justin Wren、Joey Aviles、Erin Stafford、Sterling Hawkins、Cara Forney、Jeff Johnson、Shawn Bagazinski、Steve Osika、Cory Popovich、Kim Dunham、Kristin Meek、Anastasia Tchaplyghine、Harriet Linklater、Ashley Edes、Jobi Manson、Marlena Marchewka、Joe Valle、Kevin Conroy Smith、Ki Walker、Maurice Martin、Mike De La Rocha、Mike Dyer、Rob Badgely、Ryan Westberg、Tyler Christopher、Alyaa and Ali Karimi、Tara and Salim Hakim、Mazin and Selma Almardhi、Yousif and Sarah Alawi、Zeid and Reem Baitaineh、Faisal and Zeina Bataineh、Ali Fakhro、Beatriz Posada、Salman and Amelda Alzayani、Lamia and Turk、Shaikha Fakhro、Latifa Shakar、Ranjan Goswami、Andrew Bardsley、Chloe Swycher、Anne-Charlotte Dhoste、Bob Taylor、William Drewry、Jeff Stibel、Kevin and Rick Yorn、Bill Choi、Amanda Dykema、Tom Creed、Helen Krause、Elliot

Fuhr、Nu Dao、Meghan Shank、Ericka Turnbull、Patricia Galea、Chris and Cassidy Cole、Madison Fitzpatrick、Alix Steinberg、Donnie McLohon、Kelly Teemer，以及Macy Robison。

在此，我們要向所有支持過、扶持過、鼓勵過我們，卻未在此列名致謝的每個人致上最深的歉意與謝意。謝謝你們出現在我們的生命中。

最後，獻給我們的讀者、聽眾與合作夥伴。我們對書本的熱愛，早在識字以前就已經萌芽。能完成這本書，是莫大的榮幸。感謝你們的信任，願這本書能啟發你們活出充滿意義的豐富人生。

注釋

前言　重新定義真正的「富有」

1. Shai Davidai and Thomas Gilovich, "The Ideal Road Not Taken: The Self-Discrepancies Involved in People's Most Enduring Regrets," *Emotion* 18, no. 3 (April 2018): 439–52, https://doi.org/10.1037/emo0000326.
2. Bronnie Ware, *The Top Five Regrets of the Dying: A Life Transformed by the Dearly Departing*, rev. ed. (Carlsbad, CA: Hay House, 2019).
3. Andrew Wilt, *Age of Agility: The New Tools for Career Success* (Seattle: Sustainable Evolution Inc., 2017).
4. Anji Connell, "Feast for the Senses: Experiencing the Positive Effects of Travel at Home," *Home Journal*, April 29, 2020, https://www.homejournal.com/en/article/Feast-for-The-Senses%3AExperiencing-the-Positive-Effects-of-Travel-at-Home/.

5. Tess Gregory, Ted Nettelbeck, and Carlene Wilson, "Openness to Experience, Intelligence, and Successful Ageing," *Personality and Individual Differences* 48, no. 8 (June 2010): 895–99, https://doi. org/10.1016/j.paid.2010.02.017.

第1章　以終為始思考，人生會更好

1. "Global Health Estimates: Life Expectancy and Leading Causes of Death and Disability," World Health Organization, https://www.who.int/data/gho/data/themes/mortality-and-global-healthestimates.

第2章　想像富足人生

1. "People spend 'half their waking hours daydreaming,'" *BBC News*, November 12, 2010, https://www.bbc.com/news/health-11741350. 在收集了25萬份調查結果後，哈佛研究團隊得出結論：這群人清醒時，有46.9%的時間處於神遊狀態。
2. Michael Bernard Beckwith, *Life Visioning: A Transformative Process for Activating Your Unique Gifts and Highest Potential* (Boulder: Sounds True, 2012).

3. Lucia Capacchione, *Visioning: Ten Steps to Designing the Life of Your Dreams* (New York: Jeremy T. Parcher/Putnam, 2000).
4. Shakti Gawain, *Creative Visualization: Use the Power of Your Imagination to Create What You Want in Your Life* (Novato, CA: New World Library, 1995).
5. Bronnie Ware, *The Top Five Regrets of the Dying: A Life Transformed by the Dearly Departing*, rev. ed. (Carlsbad, CA: Hay House, 2019).
6. David Hamilton, "Does Your Brain Distinguish Real from Imaginary?" October 30, 2014, https://drdavidhamilton.com/does-your-brain-distinguish-real-from-imaginary/.
7. Andrew Huberman, "Dr. Emily Balcetis: Tools for Setting & Achieving Goals," August 1, 2022, *Huberman Lab* podcast, https://hubermanlab.com/dr-emily-balcetis-tools-for-setting-andachieving-goals/.

第3章　為自己的人生徹底負責

1. Jory Mackay, "The Myth of Multitasking: The Ultimate Guide to Getting More Done by Doing Less," *RescueTime* (blog), January 17, 2019, https://blog.rescuetime.com/multitasking/
2. Fiona MacDonald, "Science Says That Technology Is Speeding

Up Our Brains' Perception of Time," *ScienceAlert*, November 19, 2015, https://www.sciencealert.com/research-suggests-that-technology-is-speeding-up-our-perception-of-time.

3. Clay Johnson, interview by Scott Simon, *Weekend Edition Saturday*, NPR, January 14, 2012, https://www.npr.org/2012/01/14/145101748/is-it-time-for-you-to-go-on-an-information-diet.
4. Dan Buettner, Finding Happiness at Work, *Psychology Today*, February 21, 2011, https://www.psychologytoday.com/us/blog/thrive/201102/finding-happiness-work.

第4章　你不敢踏入的洞穴裡，藏著你追尋的寶藏

1. Rachel Feintzeig, "How to Become a Better, Braver Public Speaker," *The Wall Street Journal*, October 17, 2022, https://www.wsj.com/articles/how-to-get-your-public-speaking-mojoback-11665867795.

第5章　把「改天」變成「今天」

1. Marcel Schwantes, "Science Says 92 Percent of People Don't Achieve Their Goals. Here's How the Other 8 Percent Do," *Inc*.,

July 26, 2016, https://www.inc.com/marcel-schwantes/sciencesays-92-percent-of-people-dont-achieve-goals-heres-how-the-other-8-perce.html.

2. Peter M. Gollwitzer and Lucas Keller, "Mindset Theory," in *Encyclopedia of Personality and Individual Differences*, ed. Virgil Zeigler-Hill and Todd K. Shackelford (Cham, Switzerland: Springer, 2016), 1–8, https://doi.org/10.1007/978-3-319-28099-8_1141-1.
3. Sarah Milne, Sheina Orbell, and Paschal Sheeran, "Combining Motivational and Volitional Interventions to Promote Exercise Participation: Protection Motivation Theory and Implementation Intentions," *British Journal of Health Psychology* 7, no. 2 (May 2002): 163–84, https://doi.org/10.1348/135910702169420.
4. Joel Falconer, "How to Use Parkinson's Law to Get More Done in Less Time," *LifeHack* (blog), March 17, 2023, https://www.lifehack.org/articles/featured/how-to-use-parkinsons-law-to-your-advantage.html
5. 根據我們的人生體驗調查。
6. Barrett Wissman, "An Accountability Partner Makes You Vastly More Likely to Succeed," *Entrepreneur*, March 20, 2018, https://www.entrepreneur.com/leadership/an-accountability-

partnermakes-you-vastly-more-likely-to/310062.

7. Leon Ho, "How to Find an Accountability Partner to Help You Build Habits," *LifeHack* (blog), February 14, 2023, https://www.lifehack.org/862621/accountability-partner.
8. Stephen Newland, "The Power of Accountability," The Standard Newsletter (blog), *AFCPE*, 2018, https://www.afcpe.org/news-and-publications/the-standard/2018-3/the-power-of-accountability/.

第6章　將阻力化為助力

1. 請參閱喬瑟夫・坎伯（Joseph Campbell）的著作，以深入了解英雄旅程的概念。
2. Neringa Antanaityte, "How to Effortlessly Have More Positive Thoughts," TLEX Institute, https://tlexmindmatters.com/how-to-effortlessly-have-more-positive-thoughts/.
3. Gabriella Paiella, "The Brain-Changing Magic of New Experiences," *GQ*, May 27, 2021, https://www.gq.com/story/brain-changing-magic-new-experiences.
4. Julie Beck, "When Nostalgia Was a Disease," *The Atlantic*, August 14, 2013, https://www.theatlantic.com/health/archive/2013/08/when-nostalgia-was-a-disease/278648/.

5. Arthur C. Brooks, "Nostalgia Is a Shield Against Unhappiness," *The Atlantic*, March 9, 2023, https://www.theatlantic.com/family/archive/2023/03/nostalgia-defense-unhappiness-happy-memories/673320/.

第7章　人脈複利

1. Liz Mineo, "Good Genes Are Nice, but Joy Is Better," *The Harvard Gazette*, April 11, 2017, https://news.harvard.edu/gazette/story/2017/04/over-nearly-80-years-harvard-study-has-been-showing-how-to-live-a-healthy-and-happy-life/.
2. Andrew Huberman, "Time Perception & Entrainment by Dopamine, Serotonin & Hormones," November 15, 2021, *Huberman Lab* podcast, https://hubermanlab.com/timeperception-and-entrainment-by-dopamine-serotonin-and-hormones.
3. Alyson Krueger, "Getting by With a Little Help Finding Friends," *The New York Times*, June 3, 2021, https://www.nytimes.com/2021/06/03/style/friends-apps-bumble-soho-house.html.
4. Alok Patel and Stephanie Plowman, "The Increasing Importance of a Best Friend at Work," *Gallup*, August 17, 2022, https://

www.gallup.com/workplace/397058/increasing-importance-best-friend-work.aspx.

第8章　擁有豐富體驗並不難，喚醒童心就行了

1. Stuart Brown, "Play Is More Than Just Fun," TED video, 2008, 26:21, https://ted.com/talks/stuart_brown_play_is_more_than_just_fun.
2. Stuart Brown and Christopher Vaughan, *Play: How it Shapes the Brain, Opens the Imagination, and Invigorates the Soul* (New York: Penguin Group, 2009).

第9章　學習，就是一種深刻的體驗

1. Jessica Stillman, "Having a Hobby Is More Important Than Ever," *Inc*, May 14, 2020, https://www.inc.com/jessica-stillman/having-a-hobby-is-more-important-than-ever.html.
2. Theo Dawson, "Learning, Emotion, and the Goldilocks Zone," *Medium*, March 10, 2019, https://theo-dawson.medium.com/learning-emotion-and-the-goldilocks-zone-30295765dd7a.
3. Andrew Huberman, "How to Learn Skills Faster," May 17, 2021, *Huberman Lab* podcast, https://hubermanlab.com/how-to-

learn-skills-faster/.

第10章　讓這一生，不虛此行

1. Arthur C. Brooks, "How to Buy Happiness," *The Atlantic*, April 15, 2021, https://www.theatlantic.com/family/archive/2021/04/money-income-buy-happiness/618601/.
2. "Why Giving Is Good for Your Heart," Cleveland Clinic, December 7, 2022, https://health.clevelandclinic.org/why-giving-is-good-for-your-health/.
3. Tamás Hajdu and Gábor Hajdu, "The Association Between Experiential and Material Expenditures and Subjective Well Being: New Evidence from Hungarian Survey Data," *Journal of Economic Psychology* 62 (October 2017): 72–86, https://doi.org/10.1016/j.joep.2017.06.009.
4. Jerf W. K. Yeung, Zhuoni Zhang, and Tae Yeun Kim, "Volunteering and Health Benefits in General Adults: Cumulative Effects and Forms," *BMC Public Health* 18, no. 8 (July 2017), table 2, https://bmcpublichealth.biomedcentral.com/articles/10.1186/s12889-0174561-8/tables/2.
5. S. Katherine Nelson et al., "Do Unto Others or Treat Yourself? The Effects of Prosocial and Self-Focused Behavior on

Psychological Flourishing," *Emotion* 16, no. 6 (September 2016): 850–61, https://doi.org/10.1037/emo0000178.

6. Arthur C. Brooks, "Does Giving Make Us Prosperous?" *Journal of Economics and Finance* 31 (September 2007): 403–11, https://doi.org/10.1007/BF02885730.
7. Lara B. Aknin et al., "Prosocial Spending and Well-Being: Cross Cultural Evidence for a Psychological Universal," *Journal of Personality and Social Psychology* 104, vol. 4 (April 2013): 635–52, https://doi.org/10.1037/a0031578.
8. Daewoung Kim and Youngseo Choi, "Dying for a Better Life: South Koreans Fake Their Funerals for Life Lessons, *Reuters*, November 5, 2019, https://www.reuters.com/article/us-southkorea-livingfunerals/dying-for-a-better-life-south-koreans-fake-their-funerals-for-life-lessons-idUSKBN1XG038.

人生，是體驗的總和

Experiential Billionaire: Build a Life Rich in Experiences and Die With No Regrets

作　　者　布莉姬・希爾頓（Bridget Hilton）、喬・赫夫（Joe Huff）
譯　　者　洪慧芳
主　　編　呂佳昀
助理編輯　蕭宇婷

總 編 輯　李映慧
執 行 長　陳旭華（steve@bookrep.com.tw）

出　　版　大牌出版 / 遠足文化事業股份有限公司
發　　行　遠足文化事業股份有限公司（讀書共和國出版集團）
地　　址　23141 新北市新店區民權路 108-2 號 9 樓
電　　話　+886-2-2218-1417
郵撥帳號　19504465 遠足文化事業股份有限公司

封面設計　萬勝安
排　　版　新鑫電腦排版工作室
印　　製　博創印藝文化事業有限公司
法律顧問　華洋法律事務所　蘇文生律師

定　　價　420 元
初　　版　2025 年 8 月

電子書 E-ISBN
9786267766026（PDF）
9786267766019（EPUB）

國家圖書館出版品預行編目資料

人生，是體驗的總和 / 布莉姬・希爾頓（Bridget Hilton）、喬・赫夫（Joe Huff）著 ; 洪慧芳 譯 . -- 初版 . -- 新北市 : 大牌出版 , 遠足文化發行 , 2025.08
296 面 ; 14.8×21 公分
譯自 : Experiential billionaire : build a life rich in experiences and die with no regrets.
ISBN 978-626-7766-00-2（平裝）
1. CST: 人生哲學

191.9　　114008322